Manfred Bornhofen · Martin C. Bornhofen

Lösungen zum Lehrbuch
Steuerlehre 2

D1727139

Studiendirektor, Dipl.-Hdl. Manfred Bornhofen
WP, StB, CPA, Dipl.-Kfm. Martin C. Bornhofen

Mitarbeiter:
OStR, Dipl-Kfm. Markus Bütehorn

Lösungen zum Lehrbuch
Steuerlehre 2
Rechtslage 2009

Mit zusätzlichen Prüfungsaufgaben
und Lösungen

30., überarbeitete Auflage

GABLER

Bibliografische Information der Deutschen Nationalbibliothek
Die Deutsche Nationalbibliothek verzeichnet diese Publikation in der
Deutschen Nationalbibliografie; detaillierte bibliografische Daten sind im Internet über
<http://dnb.d-nb.de> abrufbar.

1. Auflage 1980
.
.
.
30., überarbeitete Auflage Februar 2010

Alle Rechte vorbehalten
© Gabler | GWV Fachverlage GmbH, Wiesbaden 2010

Lektorat: Jutta Hauser-Fahr

Gabler ist Teil der Fachverlagsgruppe Springer Science+Business Media.
www.gabler.de

Umschlaggestaltung: KünkelLopka Medienentwicklung, Heidelberg
Druck und buchbinderische Verarbeitung: Ten Brink, Meppel
Gedruckt auf säurefreiem und chlorfrei gebleichtem Papier
Printed in the Netherlands

ISBN 978-3-8349-1937-3

Vorwort zur 30. Auflage

Neben den Lösungen zum Lehrbuch der Steuerlehre 2 enthält dieses Buch zusätzliche Fälle und Lösungen zur Vertiefung Ihres Wissens.

Deshalb ist dieses "Aufgaben- und Lösungsbuch" in zwei Teile untergliedert.

Der **1. Teil** enthält – wie bisher – die

Lösungen zum Lehrbuch

und der **2. Teil** die

zusätzlichen Fälle und Lösungen.

Die einzelnen Sachthemen dieser zusätzlichen Aufgabensammlung finden Sie im Inhaltsverzeichnis oder in der Kopfzeile des Buches.
Die jeweiligen Lösungen folgen den Fällen direkt. Sie erkennen sie an der grauen Rasterung.

Wir hoffen, dass Sie mit Hilfe dieses zusätzlichen Übungsmaterials vielleicht noch verbleibende Unsicherheiten in der Anwendung Ihres Wissens beheben können und wünschen Ihnen viel Erfolg in Ihren Klausuren bzw. Prüfungen.

Ihr

Bornhofen-Team

Inhaltsverzeichnis

Teil 1 Lösungen zum Lehrbuch

A. Einkommensteuer

B. Körperschaftsteuer

C. Gewerbesteuer

D. Bewertungsgesetz

E. Erbschaftsteuer

Teil 2 Zusätzliche Fälle und Lösungen

A. Einkommensteuer

B. Körperschaftsteuer

C. Gewerbesteuer

Teil 1 Lösungen zum Lehrbuch

A. Einkommensteuer

1 Einführung in die Einkommensteuer

Fall 1:

1. (b)
2. (a)
3. (c)
4. (d)

Fall 2:

Zu 1.

	EUR
Einkünfte aus Gewerbebetrieb	20.026
Einkünfte aus nichtselbständiger Arbeit	30.000
= **Summe der Einkünfte und Gesamtbetrag der Einkünfte**	**50.026**
– Sonderausgaben	– 3.700
– außergewöhnliche Belastungen	– 1.700
= **Einkommen und zu versteuerndes Einkommen**	**44.626**

Zu 2.

Die **Einkommensteuer 2009** beträgt lt. Grundtabelle **10.822 €**.

2 Persönliche Steuerpflicht

Fall 1:

1. (c)
2. (b)
3. (b)
4. (d)

Fall 2:

a) Sabine Krämer ist im Inland **unbeschränkt** einkommensteuerpflichtig, weil sie eine **natürliche Person** ist, die im **Inland** einen **Wohnsitz** hat (§ 1 **Abs. 1**).

b) Anja Fischer ist im Inland **unbeschränkt** einkommensteuerpflichtig, weil sie eine natürliche Person ist, die im **Inland** einen **Wohnsitz** hat (§ 1 **Abs. 1**).

c) Georg Smith ist für die Zeit vom 05.01. bis 20.11.2009 im Inland **unbeschränkt** einkommensteuerpflichtig, weil er eine **natürliche Person** ist, die im **Inland** ihren **gewöhnlichen Aufenthalt** hatte (§ 1 **Abs. 1**).

d) Peter Keller ist im Inland **beschränkt** steuerpflichtig, weil er eine **natürliche Person ist**, die im **Inland weder** einen **Wohnsitz noch** ihren **gewöhnlichen Aufenthalt** hatte, aber **inländische Einkünfte** i.S.d. **§ 49** hat.

e) Erich Schwab ist im Inland **unbeschränkt** einkommensteuerpflichtig, weil er eine **natürliche Person** ist, die im **Inland** einen **Wohnsitz** hat (§ 1 **Abs. 1**).

f) Frank Haas ist nach § 1 **Abs. 2** im Inland **unbeschränkt** einkommensteuerpflichtig, weil er alle Voraussetzungen des § 1 Abs. 2 erfüllt.

g) Die Heinrich Bauer KG ist weder unbeschränkt noch beschränkt einkommensteuerpflichtig, weil nur natürliche Personen (nicht Personengesellschaften) der Einkommensteuer unterliegen.
   Die Gesellschafter der KG unterliegen mit der von der KG erzielten Einkünfte der Einkommensteuer (Einkünfte aus Gewerbebetrieb gem. § 15 Abs. 1 Nr. 2).

h) Knut Hansen hat weder einen Wohnsitz noch seinen gewöhnlichen Aufenthalt im Inland, sodass er **nicht** nach § 1 **Abs. 1** im Inland unbeschränkt einkommensteuerpflichtig ist.
   Da auch die Voraussetzungen des § 1 **Abs. 2** nicht erfüllt sind, ist er – ohne Antrag – in Deutschland beschränkt einkommensteuerpflichtig (§ 1 Abs. 4).
   Auf **Antrag** ist er für 2009 als **unbeschränkt** Steuerpflichtiger zu behandeln (§ 1 **Abs. 3**).

i) Susi Klein hat weder einen Wohnsitz noch ihren gewöhnlichen Aufenthalt im Inland, so dass sie **nicht** nach § 1 **Abs. 1** unbeschränkt einkommensteuerpflichtig ist.
   Da auch die Voraussetzungen des § 1 **Abs. 2** nicht erfüllt sind, ist sie – ohne Antrag – im Inland beschränkt einkommensteuerpflichtig (§ 1 Abs. 4).
   Auf **Antrag** ist sie für 2009 als **unbeschränkt** Steuerpflichtige zu behandeln (§ 1 Abs. 3).
   Als EU-Staatsbürgerin kann sie u.U. Vergünstigungen (z.B. Entlastungsbetrag für Alleinerziehende nach § 24b EStG) in Anspruch nehmen (**§ 1a** EStG).

j) André Bucher hat weder einen Wohnsitz noch seinen gewöhnlichen Aufenthalt im Inland, sodass er **nicht** nach § 1 **Abs. 1** in Deutschland unbeschränkt einkommensteuerpflichtig ist.
   Da auch die Voraussetzungen des § 1 **Abs. 2** nicht erfüllt sind, ist er – ohne Antrag – in Deutschland beschränkt einkommensteuerpflichtig (§ 1 Abs. 4).
   Auf **Antrag** ist er für 2009 als **unbeschränkt** Steuerpflichtiger zu behandeln (§ 1 **Abs. 3**).

3 Grundbegriffe im Zusammenhang mit der Ermittlung der Einkünfte

Fall 1:

Nr.	Einnahmen	nstb. E. €	stb. BE €	stb. E. i.S.d. § 8 €	stfr. E. €	stpfl. E. €
1.	Lottogewinn einer Steuerfachangestellten in Höhe von 100.000 €	100.000				
2.	Tageseinnahmen eines Gastwirts aus seiner Gastwirtschaft in Höhe von 800 €		800			800
3.	Zuwendung von 250 €, die ein Arbeitnehmer anlässlich der Eheschließung von seinem Arbeitgeber erhält			250		250
4.	Zuwendung von 500 €, die ein Arbeitnehmer anlässlich der Geburt seines Sohnes von seinem Arbeitgeber erhält			500		500
5.	Erbschaft eines Steuerfachangestellten in Höhe von 50.000 €	50.000				
6.	Trinkgelder einer Friseurin von 1.000 € im Kalenderjahr, die sie von Dritten freiwillig und ohne Rechtsanspruch erhält			1.000	1.000	
7.	Trinkgelder eines Kellners von 3.000 € im Kalenderjahr, auf die er einen Rechtsanspruch hat			3.000		3.000
8.	Einnahme (Bruttoarbeitslohn) eines Angestellten aus einem Dienstverhältnis in Höhe von 2.000 € im Monat			2.000		2.000
9.	Einnahmen eines Lebensmittelhändlers aus Warenverkäufen von 10.000 €		10.000			10.000
10.	Einnahme (Miete) eines Angestellten aus seinem Zweifamilienhaus in Höhe von 600 € im Monat			600		600
11.	Einnahmen eines Arztes aus ärztlicher Tätigkeit in Höhe von 250.000 €		250.000			250.000
12.	Brutto-Dividende eines konfessionslosen Beamten von 800 € (Hinweis Seite 153 ff.)			800		800

Ab 2009 ist das **Halbeinkünfteverfahren** für private Kapitalerträge **abgeschafft**.

Fall 2:

Nr.	Aufwendungen	BA	WK	AfdL
1.	Gewerkschaftsbeiträge		x	
2.	private Telefongebühren			x
3.	Aufwendungen für eine Erholungsreise			x
4.	Grundsteuer für ein Betriebsgrundstück	x		
5.	Aufwendungen eines AN für typische Berufskleidung		x	
6.	Aufwendungen für einen Maßanzug, der von einem Angestellten nachweislich während der Arbeitszeit getragen wird			x
7.	AfA für einen betrieblichen Lkw	x		
8.	Hypothekenzinsen für ein Fabrikgebäude	x		
9.	Aufwendungen eines Arbeitnehmers für Ernährung			x
10.	Telefongebühren für betrieblich veranlasste Gespräche, die über den privaten Telefonanschluss geführt werden	x		
11.	Steuerberatungskosten für das Ausfüllen einer Erbschaftsteuererklärung			x

Fall 3:

1. (b)

2. (c)

3. (c)

4. (a)

5. (c)

4 Methoden zur Ermittlung der Einkünfte

Fall 1:

Betriebsvermögen 31.12.2009	– 30.000 €
Betriebsvermögen 31.12.2008	60.000 €
Unterschiedsbetrag	– 90.000 €
+ Entnahmen 2009	100.000 €
	10.000 €
– Einlagen 2009	– 5.000 €
= **Gewinn 2009**	**5.000 €**

Fall 2:

50 % des Gewinns aus 2008/2009 =		15.000 €
50 % des Gewinns aus 2009/2010 =		10.000 €
= **Gewinn 2009**	=	**25.000 €**

Fall 3:

Der Gewinn des VZ 2009 beträgt nach § 4a Abs. 2 Nr. 2 EStG **20.000 €** (= Gewinn des Wirtschaftsjahres 2008/2009).

Fall 4:

Die Miete ist für **2009** anzusetzen, weil es sich um eine **regelmäßig wiederkehrende Einnahme** handelt, die **kurze Zeit** nach Beendigung des Kalenderjahrs 2009, zu dem sie wirtschaftlich gehört, zugeflossen ist (§ 11 Abs. 1 Satz 2).

Fall 5:

Die Miete ist für **2010** anzusetzen, weil sie **nicht kurze Zeit** nach Beendigung des Kalenderjahrs 2009, zu dem sie wirtschaftlich gehört, zugeflossen ist (H 11 (Allgemeines) EStH).

Zusammenfassende Erfolgskontrolle zum 1. bis 4. Kapitel

Fall 1:

Herr Türek ist **unbeschränkt einkommensteuerpflichtig**, weil er im **Inland** einen **Wohnsitz** hat (§ 1 **Abs. 1**).

Fall 2:

1. Herr Löhr ist **unbeschränkt einkommensteuerpflichtig**, weil er im **Inland** einen **Wohnsitz** hat (§ 1 **Abs. 1**).

	€
Einkünfte aus Land- und Forstwirtschaft (§ 13)	500
Einkünfte aus Gewerbebetrieb (§ 15)	40.000 *)
Einkünfte aus selbständiger Arbeit (§ 18)	17.500
Einkünfte aus Vermietung und Verpachtung (§ 21)	10.000
2. = **Summe der Einkünfte**	**68.000**

*) Horizontaler Verlustausgleich (70.000 € – 30.000 € = 40.000 €)

5 Veranlagungsarten

Fall 1:

1. Der **Ehemann** ist **2009** und **2010 unbeschränkt** einkommensteuerpflichtig, weil er als **natürliche Person** im **Inland** einen **Wohnsitz** hat (§ 1 Abs. 1).
Die **Ehefrau** ist **2009 nicht unbeschränkt** einkommensteuerpflichtig, weil sie als natürliche Person im Inland weder eine Wohnung noch ihren gewöhnlichen Aufenthalt hat. Im Jahre **2010** ist sie **unbeschränkt** einkommensteuerpflichtig, weil alle Voraussetzungen des § 1 Abs. 1 erfüllt sind (natürliche Person, Inland, Wohnsitz).

2. Für den **VZ 2009** liegen die Voraussetzungen des § 26 Abs. 1 nicht vor (nicht beide unbeschränkt einkommensteuerpflichtig). Der **Ehemann** wird deshalb **einzeln** zur Einkommensteuer veranlagt.
Die **Ehefrau** wird im **VZ 2009** im Inland **nicht veranlagt**, weil sie in der Bundesrepublik weder unbeschränkt noch beschränkt einkommensteuerpflichtig war.
Für den **VZ 2010** liegen die Voraussetzungen des § 26 Abs. 1 vor. Die Ehegatten können deshalb zwischen **Zusammenveranlagung** und **getrennter Veranlagung** wählen.

3. Die **Eheleute** sind **2009** und **2010 unbeschränkt** einkommensteuerpflichtig, weil sie als natürliche Personen im Inland einen Wohnsitz haben (§ 1 Abs. 1).
Für den **VZ 2009** können die Eheleute zwischen folgenden Veranlagungsarten **wählen**:
> a) der getrennten Veranlagung (§ 26a),
> b) der Zusammenveranlagung (§ 26b) und
> c) der besonderen Veranlagung (§ 26c).

Für den **VZ 2010** können die Eheleute zwischen folgenden Veranlagungsarten **wählen**:
> a) der getrennten Veranlagung (§ 26a) und
> b) der Zusammenveranlagung (§ 26b).

Fall 2:

1. Die Eheleute Bungert können für 2009 **wählen** zwischen Zusammenveranlagung, getrennter Veranlagung und besonderer Veranlagung (§ 26 Abs. 1 Satz 1).

2. Die Ehegatten werden für den VZ 2009 **getrennt** veranlagt, weil einer die getrennte Veranlagung gewählt hat (§ 26 Abs. 2 Satz 1).

Fall 3:

Für den VZ 2009 liegen die Voraussetzungen des § 26 Abs. 1 **nicht** vor. Die Eheleute können deshalb **nicht** zwischen Zusammenveranlagung und getrennter Veranlagung wählen, sodass die **Einzelveranlagung** durchzuführen ist.

6 Gewinneinkünfte

6.1 Einkünfte aus Land- und Forstwirtschaft (§ 13 EStG)

Fall 1:

	EM EUR	EF EUR	Gesamt EUR
Einkünfte aus L + F (§ 13)		1.300	1.300
Einkünfte aus Gewerbebetrieb (§ 15)	60.000		60.000
= **Summe der Einkünfte** (§ 2 Abs. 2)			**61.300**
– Freibetrag für Land- und Forstwirte (§ 13 Abs. 3) *)			– 1.300
= **Gesamtbetrag der Einkünfte** (§ 2 Abs. 3)			**60.000**

*) Der Freibetrag für Land- und Forstwirte beträgt grundsätzlich bei Zusammen-
veranlagung 1.340 €. Er ist jedoch auf die Höhe der Einkünfte aus L + F begrenzt.

Fall 2:

	EM EUR	EF EUR	Gesamt EUR
Einkünfte aus L + F (§ 13)		10.000	10.000
Einkünfte aus Gewerbebetrieb (§ 15)	60.000		60.000
= **Summe der Einkünfte** (§ 2 Abs. 2)			**70.000**
– Freibetrag für Land- und Forstwirte (§ 13 Abs. 3) *)			– 0
= **Gesamtbetrag der Einkünfte** (§ 2 Abs. 3)			**70.000**

*) Der Freibetrag für Land- und Forstwirte beträgt grundsätzlich bei Zusammen-
veranlagung 1.340 €. Er wird jedoch nur gewährt, wenn die Summe der Einkünfte
61.400 Euro nicht übersteigt.

6.2 Einkünfte aus Gewerbebetrieb (§ 15 EStG)

Fall 3:

		Ehemann EUR	Ehefrau EUR	Gesamt EUR
Einkünfte aus Gewerbebetrieb (§ 15)				
Ehemann:				
Tz. 1 Gewinnanteil KG	10.000 €	11.000		
Tz. 2 Zinsen KG	1.000 €			
Ehefrau:				
Tz. 3 atypische stille Gesellschafterin			9.000	20.000
= **Einkünfte der Eheleute Fabel**				**20.000**

Fall 4:

	Ehemann €	Ehefrau €	Gesamt €
Einkünfte aus Gewerbebetrieb (§ 15)			
Tz. 2 Gewinnanteil KG 15.000 €			
Tz. 3 Miete für Überlassung des Geschäftshauses 10.000 €			
Tz. 4 Zinsen KG 12.000 €		37.000	37.000
Einkünfte aus Kapitalvermögen (§ 20)			
Tz. 1 typischer (echter) stiller Gesellschafter	19.200		19.200
= **Einkünfte der Eheleute May**			**56.200**

Fall 5:

Zu 1.	Handelsbilanzgewinn	160.000 €
	+ Vergütung für Tätigkeit	60.000 €
	+ Vergütung für Hingabe eines Darlehens	16.000 €
	+ Vergütung für Überlassung eines Hauses	24.000 €
	= **steuerlicher Gewinn** (§ 15 Abs. 1 Nr. 2)	**260.000 €**

Zu 2.	Gesell-schafter	Vorweg-gewinn	4 % des Kapitalanteils	Restgewinn (4 : 3 : 1)	Einkünfte aus Gewerbebetrieb
	A	60.000 €	6.000 €	74.000 €	140.000 €
	B	16.000 €	4.000 €	55.500 €	75.500 €
	C	24.000 €	2.000 €	18.500 €	44.500 €
		100.000 €	12.000 €	148.000 €	**260.000 €**

Fall 6:

	€	€	€	€
Einkünfte vom 1.1. bis 30.9.2009				65.200
Veräußerungsgewinn			150.000	
ungekürzter Freibetrag		45.000		
Veräußerungsgewinn von	150.000			
übersteigt den Grenzbetrag von	– 136.000			
um	14.000			
schädlich		– 14.000		
gekürzter Freibetrag		31.000		
Gewinn wird um gekürzten Freibetrag gemindert			– 31.000	
steuerpflichtiger Veräußerungsgewinn				119.000
Einkünfte aus Gewerbebetrieb				**184.200**

6.3 Einkünfte aus selbständiger Arbeit (§ 18 EStG)

Fall 7:

	Ehemann €	Ehefrau €	Gesamt €
Einkünfte aus selbständiger Arbeit (§ 18)			
Ehemann:			
Tz. 1 Rechtsanwaltspraxis 40.000 €			
Tz. 2 Insolvenzverwaltung 5.000 €	45.000		
Ehefrau:			
Tz. 3 Aufsichtsratstätigkeit		10.000	55.000
= Einkünfte der Eheleute Fries			**55.000**

Fall 8:

	Ehemann €	Ehefrau €	Gesamt €
Einkünfte aus Gewerbebetrieb (§ 15)			
Ehemann:			
Tz. 2 Privatschule	10.000		
Ehefrau:			
Tz. 4 Gewinnanteil KG 10.000 €			
Tz. 5 Zinsen KG 10.000 €		20.000	30.000
Einkünfte aus selbständiger Arbeit (§ 18)			
Tz. 1 Arztpraxis (100.000 € – 40.000 €)	60.000		60.000
Einkünfte aus nichtselbständiger Arbeit (§ 19)			
Tz. 6 angestellte Ärztin		35.000	35.000
Einkünfte aus Kapitalvermögen (§ 20)			
Tz. 3 typischer stiller Gesellschafter	4.200		4.200
= Einkünfte der Eheleute Vogt			**129.200**

Zusammenfassende Erfolgskontrolle zum 1. bis 6. Kapitel

Steuerpflichtige	§ 13	§ 15	§ 18
1. selbständiger Einzelhändler Marcus Simonis		x	
2. selbständige Rechtsanwältin Alicia Jarzombek			x
3. selbständige Fachbuch-Autorin Alexandra Brücker-Lenz			x
4. selbständige Tierärztin Nicole Wingen			x
5. selbständige Handelsvertreterin Bianca Schmitz		x	
6. selbständige Steuerberaterin Manuela Strub			x
7. selbständige Versicherungsberaterin Anja Ortmann		x	
8. selbständige Insolvenzverwalterin Ute Henn			x
9. selbständige Hebamme Judith Doll			x
10. unechte stille Gesellschafterin Andrea Gückel		x	
11. selbständige Friseurmeisterin Andrea Zimmerschied		x	
12. selbständige Handelsmaklerin Regina Adams		x	
13. OHG-Gesellschafterin Sandra Gohs		x	
14. selbständige Großhändlerin Heike Schlich		x	
15. selbständiger Winzer Karl Lotter	x		
16. Kommanditistin Heike Schröder		x	
17. selbständige Übersetzerin Monika Koschel			x
18. Aufsichtsratmitglied Sandra Friderichs			x
19. selbständige Künstlerin Erika Murschel			x
20. selbständige Fußpflegerin Manuela Hermann		x	
21. selbständige medizinische Fußpflegerin (Podologin) Ramona Illig			x
22. selbständiger Bezirksschornsteinfegermeister Thomas Krupski		x	

7 Gewinnermittlung durch Betriebsvermögens- vergleich

Fall 1:

zu 1.

Aufgrund seines Handelsregistereintrages ist Tross **Kaufmann i.S.d. § 1 HGB** und nach § 238 Abs. 1 HGB **buchführungspflichtig** (handelsrechtlich). Die Höhe des Gewinns bzw. des Umsatzes spielt keine Rolle. Die steuerrechtliche Buchführungspflicht ergibt sich aus § 140 AO. Tross muss seinen Gewinn nach § **5 EStG** (**Betriebsvermögensvergleich** unter besonderer Beachtung der handelsrechtlichen Bewertungsvorschriften) ermitteln.

zu 2.

Steuerberater Gelhardt ist als **Freiberufler** mit Einkünften i.S.d. **§ 18 EStG** tätig. Er betreibt keinen Gewerbetrieb und besitzt nicht die Kaufmannseigenschaft. Er kann unabhängig von der Gewinn- bzw. Umsatzhöhe den Gewinn ohne Betriebsvermögensvergleich (**Einnahmenüberschussrechnung** nach § **4 Abs. 3 EStG**) ermitteln.

zu 3.

Architekt Merder ist als **Freiberufler** mit Einkünften i.S.d. **§ 18 EStG** tätig. Er betreibt keinen Gewerbetrieb und besitzt nicht die Kaufmannseigenschaft. Er führt jedoch **freiwillig Bücher**. Aus diesem Grunde muss er unabhängig von der Gewinn- bzw. Umsatzhöhe den Gewinn nach § **4 Abs. 1 EStG** (**Betriebsvermögensvergleich** ohne Beachtung der handelsrechtlichen Bewertungsvorschriften) ermitteln.

zu 4.

Herr Rosenbaum besitzt keine Kaufmannseigenschaft i.S.d. HGB (aus handelsrechtlicher Sicht wäre evtl. zu prüfen, ob ein in kaufmännischer Weise eingerichteter Geschäftsbetrieb erforderlich ist). Es besteht keine Buchführungspflicht nach § 238 HGB und § 140 AO. Herr Rosenbaum ist jedoch **nach § 141 AO verpflichtet, Bücher zu führen** (Gewinngrenze überschritten). Er muss seinen Gewinn nach § **5 EStG** (**Betriebsvermögensvergleich** unter besonderer Beachtung der handelsrechtlichen Bewertungsvorschriften) ermitteln.

zu 5.

Landwirt Harder betreibt keinen Gewerbetrieb und besitzt nicht die Kaufmannseigenschaft. Er führt jedoch **freiwillig Bücher**. Aus diesem Grunde muss er unabhängig von der Gewinn- bzw. Umsatzhöhe den Gewinn nach § **4 Abs. 1 EStG** (**Betriebsvermögensvergleich** ohne Beachtung der **handelsrechtlichen** Bewertungsvorschriften) ermitteln.

Fall 2:

BV 31.12.2009	56.000 €
BV 31.12.2008	49.000 €
= Unterschiedsbetrag	+ 7.000 €
+ Entnahmen 2009	36.800 €
– Einlagen 2009	3.000 €
= **Gewinn** aus Gewerbebetrieb 2009	**40.800 €**

Zusammenfassende Erfolgskontrolle zum 1. bis 7.Kapitel

Fall 1:

	Ehemann €	Ehefrau €	Gesamt €
Einkünfte aus Gewerbebetrieb (§ 15)			
Tz. 1　BV am 31.12.2009　　175.000 €			
BV am 31 12.2008　　135.000 €			
Unterschiedsbetrag　+ 40.000 €			
+ Entnahme 2009　　　　20.000 €			
− Einlage 2009　　　　　20.000 €			
= Gewinn 2009　　　　　40.000 €	40.000		
Tz. 2　Gewinnanteil KG　　250.000 €			
+ Gehalt　　　　　　　50.000 €			
+ Zinsen　　　　　　　16.000 €			
316.000 €		316.000	
Tz. 3　Gewinnanteil als unechte stille Gesellschafterin		6.000	362.000
= Summe der Einkünfte			**362.000**

Fall 2:

	€
Einkünfte aus Land- und Forstwirtschaft (§ 13)	
Tz. 1	
50 % von 25.000 € für 2008/2009　　12.500 €	
50 % von 30.000 € für 2009/2010　　15.000 €	27.500
Einkünfte aus Kapitalvermögen (§ 20)	
Tz. 2	
Einkünfte als echter stiller Gesellschafter	4.600
= Summe der Einkünfte	**32.100**

8 Umfang des Betriebsvermögens

zu 1.

Pkw 1 gehört zum (notwendigen) **Betriebsvermögen**, weil er ausschließlich betrieblich genutzt wird.

Pkw 2 gehört zum (notwendigen) **Betriebsvermögen**, weil er zu mehr als 50 % betrieblich genutzt wird.

Pkw 3 **kann** als (gewillkürtes) **Betriebsvermögen** behandelt werden, da die betriebliche Nutzung mindestens 10 % beträgt (aber nicht mehr als 50 %). Der Steuerpflichtige kann jedoch die 1 %-Regelung **nicht** in Anspruch nehmen, weil das Kraftfahrzeug nicht zu mehr als 50 % betrieblich genutzt wird (§ 6 Abs. 1 Nr. 4 Satz 2 EStG).

Pkw 4 gehört zum (notwendigen) **Privatvermögen**, weil er zu weniger als 10 % betrieblich genutzt wird.

zu 2.

Die Zahnärztin **kann** den Pkw als notwendiges **Betriebsvermögen** behandeln, **wenn** sie ihn in ihr betriebliches **Anlagenverzeichnis** (Bestandsverzeichnis) aufnimmt (BMF-Schreiben vom 17.11.2004, BStBl 2004 I Seite 1064 f.).

zu 3.

Nach R 4.2 Abs. 4 EStR 2008 kann ein Gebäude aufgrund unterschiedlicher Nutzung (eigen- oder fremdbetrieblich/eigene oder fremde Wohnzwecke) in vier unterschiedliche Wirtschaftsgüter aufgeteilt werden (**gemischt genutztes Gebäude**).

Bei jedem Wirtschaftsgut (Gebäudeteil) ist die Vermögensart gesondert zu prüfen (Betriebs- oder Privatvermögen).

Das gemischt genutzte Gebäude des Herrn Emmerich hat folgende zwei Vermögensarten:

- 350 qm Nutzung zu eigenbetrieblichen Zwecken = **notwendiges Betriebsvermögen** (350.000,00 €) *)
- 150 qm Nutzung zu eigenen Wohnzwecken = **notwendiges Privatvermögen** (150.000,00 €) *)

zu 4.

Der Pkw gehört zum (notwendigen) Betriebsvermögen des Steuerberaters, weil er zu mehr als 50 % betrieblich genutzt wird.

zu 5.

Das der Ehefrau gehörende Grundstück gehört **nicht** zum Betriebsvermögen des Steuerberaters. Zu seinem Vermögen gehören nur Wirtschaftsgüter, die ihm gehören bzw. ihm wirtschaftlich zuzurechnen sind.

zu 6.

Die Grundschuld gehört als negatives Wirtschaftsgut zum (notwendigen) Betriebsvermögen des Steuerberaters. Dem steht nicht entgegen, dass die dingliche Sicherung durch das private Einfamilienhaus erfolgt.

---

*) siehe R. 4.2 Abs. 6 und 7 EStR 2008

9 Bewertung des Betriebsvermögens

Fall 1:

	Kaufpreis	ANK *)	AK
Grundstück (20 %)	100.000 €	6.800 €	**106.800 €**
Gebäude (80 %)	400.000 €	27.200 €	**427.200 €**
Gesamt (100 %)	500.000 €	34.000 €	**534.000 €**

Hinweise zu den Anschaffungsnebenkosten (ANK):

- Die von anderen Unternehmern in Rechnung gestellte Vorsteuer zählt nicht zu den Anschaffungskosten/Anschaffungsnebenkosten (§ 9b Abs. 1 EStG).

- Die Kosten der Geldbeschaffung zählen nicht zu den Anschaffungskosten/ Anschaffungsnebenkosten.
  17.500 € + 500 € + 1.000 € + 15.000 € = 34.000 €

Fall 2:

Nach § 255 Abs. 1 HGB handelt es sich bei den Anschaffungskosten um Aufwendungen, die geleistet werden, um einen Vermögensgegenstand zu erwerben und ihn in einen betriebsbereiten Zustand zu versetzen. Die AK betragen:

Kaufpreis		20.000 €
+ Anschaffungsnebenkosten		
Fracht	800 €	
Transportversicherung	200 €	
Montagekosten	1.500 €	2.500 €
		22.500 €
– Anschaffungspreisminderungen		
Skonto (2 % von 20.000 €)		– 400 €
= **Anschaffungskosten**		**22.100 €**

Die Tatsache, dass die Rechnungen von verschiedenen Unternehmern stammen und teilweise noch nicht bezahlt sind, ist irrelevant.

Fall 3:

	Handelsrechtliche	Steuerrechtliche
	Wertuntergrenze	
Materialeinzelkosten	400 €	400 €
Fertigungseinzelkosten	800 €	800 €
Materialgemeinkosten	80 €	80 €
Fertigungsgemeinkosten	960 €	960 €
	2.240 €	**2.240 €**

Die nicht bilanzierten Kostenbestandteile mindern als Aufwand sofort den Gewinn.

Fall 4:

- **Teilwert** Ware A: **750 €,**
  Bilanzansatz: 750 €/strenges Niederstwertprinzip § 253 Abs. 3 HGB
  (im Gegensatz zu § 6 Abs. 1 Nr. 2 S. 2 EStG)/Maßgeblichkeitsgrundsatz
  § 5 Abs. 1 EStG.
- **Teilwert** Ware B: **950 €,**
  Bilanzansatz: 900 €/Wertobergrenze bilden die Anschaffungskosten
  § 253 Abs. 1 S. 1 HGB und § 6 Abs. 1 Nr. 2 S. 1 EStG.
- **Teilwert** Ware C: **500 €,**
  Bilanzansatz: 500 €/Ein Ansatz zum Nettoverkaufspreis ist nicht zulässig,
  da der Verkaufspreis über den Anschaffungskosten liegt. Oster würde nicht
  realisierte Gewinne ausweisen (§ 252 Abs. 1 Nr. 4 HGB).

Fall 5:

a) Es gilt das strenge Niederstwertprinzip § 253 Abs. 2 S. 3 HGB a.F., § 6 Abs. 1 Nr. 1
   Satz 2 i.V.m. § 5 Abs. 1 EStG. Die Maschine ist in der Handelsbilanz und der
   Steuerbilanz jeweils mit **15.000 €** anzusetzen (lin. AfA 6.000 €/Teilwert-AfA
   9.000 €).
b) In der **Steuerbilanz** ist die Maschine mit **24.000 €** anzusetzen (§ 6 Abs. 1 Nr. 1
   S. 2 EStG).Eine Teilwertabschreibung ist nicht zulässig. In der **Handelsbilanz** besteht
   ein Ansatzwahlrecht (gemildertes Niederstwertprinzip; § 253 Abs. 2 S. 3 HGB a.F.).

Fall 6:

1.	Wert der übernommenen Vermögensgegenstände	2.170.000 €
−	Wert der übernommenen Schulden	− 1.840.000 €
=	Betriebsvermögen	330.000 €
	Kaufpreis	450.000 €
−	Betriebsvermögen	− 330.000 €
=	**derivativer Firmenwert**	**120.000 €**

2. Der **derivative Firmenwert ist** in der Steuerbilanz zum 31.12.2009 zu
   aktivieren und innerhalb von **15 Jahren** abzuschreiben (Aktivierungs**gebot**).
3. Handelsrechtlich **darf** der derivative Firmenwert aktiviert werden (Aktivierungs-
   wahlrecht).
   Wird er aktiviert, kann er innerhalb von fünf Jahren oder über die voraussichtliche Nutzungsdauer planmäßig verteilt (z.B. 15 Jahre) abgeschrieben werden.

Fall 7:

	Kaufpreis	Anschaffungsnebenkosten	Anschaffungskosten
Grund und Boden	100.000 €	8.670 €	108.670 €
Lagerhalle	300.000 €	26.010 €	**326.010 €**
Gesamt	400.000 €	34.680 € *)	434.680 €

*) (14.000 € GrESt + 7.650 € + 1.030 € + 12.000 € = 34.680 €)
   3 % von **326.010 €** = 9.780,30 € x 3/12 = **2.445,08 €** (§ 7 Abs. 4 Nr. 1 EStG)

Fall 8:

Die höchstzulässige (lineare) AfA für 2009 beträgt **8.333 €** (2 % von 1.000.000 € = 20.000 € x 5/12 = 8.333 €).
Die degressive Gebäude-AfA ist nicht möglich, weil das Gebäude **nicht vor dem 1.1.2006** angeschafft worden ist (§ 7 Abs. 5 Nr. 3c). Außerdem wurde das Gebäude nicht im Jahr der Fertigstellung erworben (§ 7 Abs. 5 Satz 1).

Fall 9:

Anlagegut	AfA-Satz	Linearer AfA-Betrag des 1. Jahres
A	20 %	4.000 €
B	25 %	1.667 € *)
C	8 1/3 %	389 € *)
D	5 %	209 € *)
E	10 %	480 €

*) aufgerundet

Fall 10:

	Bezeichnung	€	Bemerkung
	AK 2006	400.000	
−	Lin. AfA 06	50.000	12,5 % (§ 7 Abs. 1 EStG)
=	RBW*) 06	350.000	
−	Lin. AfA 07	50.000	
−	TW-AfA 07	200.000	§ 6 Abs. 1 Nr. 1 S. 2 EStG, § 5 Abs. 1 EStG, § 7 Abs. 1 Satz 7 EStG
=	RBW 07	100.000	= Teilwert
−	Lin. AfA 08	16.667	(100.000 € : 6 = 16.667 €)
+	Zuschreibung 08	80.000	
=	RBW 08	163.333	
−	Lin.AfA 09	32.667	(163.333 € : 5 = 32.667 €)
=	RBW 09	130.666	

*) RBW = Restbuchwert

Fall 11:

	Urspr. Bruttopreis (119 %)	582,85 €
−	USt (19 %)	− 93,06 €
=	Urspr. Nettopreis (Listeneinkaufspreis; 100 %)	= 489,79 €
−	Rabatt (15 %)	− 73,47 €
=	Verbleiben (Zieleinkaufspreis; 85 % ? 100 %)	= 416,32 €
−	Skonto (2 %)	− 8,33 €
=	Anschaffungskosten (Bareinkaufspreis; 98 %)	= **407,99 €**

Die Anschaffungskosten betragen 407,99 €. d.h. es liegt ein GWG i.S.d. § 6 Abs. 2a EStG vor. Geringwertige Wirtschaftsgüter mit AK/HK von mehr als 150 Euro bis 1.000 Euro müssen in einen **Sammelposten** eingestellt werden. Dieser ist im Wirtschaftsjahr seiner Bildung und in den folgenden vier Jahren mit jeweils 20 % abzuschreiben.
Der Bilanzansatz für die Registrierkasse beträgt demnach

$$
\begin{array}{ll}
\text{AK 2009} & 407{,}99 \text{ € (Sammelposten)} \\
-\ 20 \text{ \% lineare AfA} & -\ 81{,}60 \text{ €} \\
\hline
=\ \text{Bilanzansatz 31.12.2009} & \mathbf{326{,}39 \text{ €}}
\end{array}
$$

Fall 12:

zu 1. **Ja**, weil das Größenmerkmal nach § 7a Abs. 1 Nr. 1a EStG mit 230.000 €
       nicht überschritten ist.

zu 2. 57.120 € brutto : 1,19 = 48.000 € netto = Anschaffungskosten
       Herr Berg kann in 2009 einen Investitionsabzugsbetrag in Höhe von **19.200 €**
       (40 % von 48.000 €) in Anspruch nehmen (§ 7g Abs. 1 Satz 1). Der Abzugs-
       betrag wird außerbilanziell gewinnmindernd berücksichtigt (keine Rücklagen-
       bildung mehr).

Fall 13:

zu 1. 38.080 € brutto : 1,19 = 32.000 € netto = Anschaffungskosten
       Der Investitionsabzugsbetrag beträgt in 2009 **12.800 €** (40 % von 32.000 €).

zu 2.
$$
\begin{array}{ll}
\text{AK in 2012} & 30.000 \text{ € } (35.700 \text{ € : } 1{,}19) \\
-\ \text{Investitionsabzugsbetrag} & -\ 12.000 \text{ € } (40 \text{ \% von } 30.000 \text{ €}) \\
\hline
=\ \text{AfA-Bemessungsgrundlage} & \underline{18.000 \text{ €}}
\end{array}
$$

In 2009 ist ein Investitionsabzugsbetrag in Höhe von 12.800 € (40 % von 32.000 €) gewinnmindernd außerbilanziell in Anspruch genommen worden.
In 2012 ist ein Investitionsabzugsbetrag in Höhe von 12.000 € (40 % von 30.000 €) dem Gewinn außerbilanziell hinzuzurechnen.
In Höhe der Differenz zwischen dem ursprünglich geplanten Investitions-
abzugsbetrag (12.800 €) und dem tatsächlichen Investitionsabzugsbetrag (12.000 €) ist der Gewinn rückwirkend im Steuerbescheid für 2009 um **800 €** (12.800 € − 12.000 €) **zu erhöhen** (Kürzung des Abzugsbetrags 2009 um 800 €).
Ab 1.4.2011 ist eine **Verzinsung** der **Steuererstattung** nach § 233a AO vorzunehmen (0,5 % für jeden vollen Monat).

Fall 14:

<u>zu 1.</u> Der in 2008 gewinnmindernd (außerbilanziell) in Anspruch genommene
Investitionsabzugsbetrag i. H. v. **80.000 €** wird in 2009 wieder gewinnerhöhend
(außerbilanziell) hinzugerechnet (§ 7g Abs. 2 Satz 1).

<u>zu 2. und 3.</u>

AK in 2009	220.000 €
– Investitionsabzugsbetrag	– 80.000 € (40 % von 200.000 €)
= AfA-Bemessungsgrundlage	140.000 €
– lineare AfA	– **2.593 €** (11,11 % v. 140.000 € x 2/12)
– Sonder-AfA	– **28.000 €** (20 % von 140.000 €)
= Restwert 31.12.2009	109.407 €

Fall 15:

<u>zu 1.</u> In 2009 ist der zuvor in Anspruch genommene Investitionsabzugsbetrag in
Höhe von **12.000 €** (40 % von 30.000 €) gewinnerhöhend hinzuzurechnen
(§ 7g Abs. 2 Satz 1).

<u>zu 2.</u> Justus Frank kann in 2009 die Sonderabschreibung nach § 7g Abs. 5 EStG
in Anspruch nehmen, weil eine fast ausschließliche betriebliche Nutzung
– bei einer privaten Nutzung bis einschließlich 10 % – vorliegt
(R 7g Abs. 8 EStR 2008).

<u>zu 3. und 4.</u>

AK in 2009	30.000 €
– Investitionsabzugsbetrag	– 12.000 €
= AfA-Bemessungsgrundlage	18.000 €
– degr. AfA in 2009	– 375 € (25 % von 18.000 € x 1/12)
– Sonder-AfA in 2009	– **6.000 €** (20 % von 18.000 €)
= Restbuchwert 31.12.2009	11.625 €

Fall 16:

	vorläufiger Gewinn	60.000 €
−	a) Teilwert-AfA § 6 Abs. 1 Nr. 2 EStG	− 1.622 €
−	b) AfA § 7 Abs. 2 EStG (25 % für 4 Monate)	− 208 €
+	c) Zuschreibung § 6 Abs. 1 Nr. 2 S. 3 i. V. m. Nr. 1 S. 4 EStG	+ 10.000 €
=	endgültiger Gewinn	**68.170 €**

Fall 17:

- Das Darlehen ist am 31. Dezember 2009 mit seinem Rückzahlungsbetrag in Höhe von **50.000 €** zu passivieren (§ 253 Abs. 1 S. 2 HGB, § 6 Abs. 1 Nr. 3 EStG).

- Das Damnum (bzw. Disagio) ist zunächst mit 2.500 € (5 % v. 50.000,00 €) zu aktivieren und anschließend über die Laufzeit des Darlehens zu verteilen/ abzuschreiben [aktiver Rechnungsabgrenzungsposten, § 250 Abs. 3 Satz 3 HGB a.F., § 5 Abs. 5 S. 1 Nr. 1 EStG, H 6.10 (Damnum) EStH].

- Der Abschreibungsbetrag beträgt bei gleichmäßiger Verteilung über 10 Jahre **250 €** pro Jahr.
  [Damnum (bzw. Disagio) = Zinsvorauszahlung für 10 Jahre! Das Prinzip der periodengerechten Gewinnermittlung (§ 252 Abs. 1 Nr. 5 HGB a.F.) verlangt eine verursachungsgerechte Verteilung dieses Zinsaufwandes auf die gesamte Darlehens-laufzeit. Als mögliche Verteilungsmethoden kommen grundsätzlich in Betracht: lineare (gleichmäßige), arithmetisch-degressive und geometrisch-degressive Verteilung. (vgl. auch Buchführung 2, 21. Auflage 2009, Seite 196 ff.)]

Fall 18:

1. Der Mantel ist mit Wiederbeschaffungspreis (= Teilwert) von **230 €** zu bewerten (§ 6 Abs. 1 Nr. 4 Satz 1 EStG).

2. Der Pkw ist mit dem Verkaufspreis (= Teilwert) von **2.500 €** zu bewerten (§ 6 Abs. 1 Nr. 4 Satz 1 EStG).

Fall 19:

1. Der **eingelegte Teppich** ist mit seinem Teilwert von **4.500 €** zu bewerten.
   Der Zeitraum zwischen Einlage und privater Anschaffung ist länger als drei Jahre
   (§ 6 Abs. 1 Nr. 5 EStG .
   Der **entnommene Teppich** ist ebenfalls mit seinem Teilwert von **4.800 €** zu
   bewerten (§ 6 Abs. 1 Nr. 4 Satz 1 EStG).

2. Die **Einlage** ist **erfolgsneutral**.
   Bei der **Entnahme** entsteht ein **Entnahmegewinn** (Aufdeckung stiller Reserven),
   der wie folgt berechnet wird:

Teilwert im Entnahmezeitpunkt		4.800 €
– Buchwert im Zeitpunkt der Entnahme		
AK	5.000 €	
– AfA 2006 (30 % von 5.000 € für 6 Monate)	750 €	
– AfA 2007 (30 % von 4.250 €)	1.275 €	
– AfA 2008 (30 % von 2.975 €)	893 €	
– AfA 2009 (30 % von 2.082 € = 625 € x 8/12)	417 €	1.665 €
Entnahmegewinn (Aufdeckung stiller Reserven)		**3.135 €**

Zusammenfassende Erfolgskontrolle 1. bis 9. Kapitel

Tz.	Bezeichnung	+ / –	€
	vorläufiger Gewinn		100.000,00
1	ANK kein Aufwand! § 255 Abs. 1 HGB	+	6.500,00
2	Gebäude-AfA (2 % v. 300.000 € für 4 Monate) § 7 Abs. 4 Nr. 2a EStG	–	2.000,00
3	Zeitanteilige AfA (30 % v. 23.100 € für 4 Monate) R 7.4 Abs. 8 EStR 2008		2.310,00
3	Veräußerungsgewinn (aufgedeckte stille Reserven) = Erlös – Restbuchwert (30.000 € – 20.790 €)	+	9.210,00
4	AfA (25 % v. 30.000 € für 3 Monate) § 7 Abs. 1 EStG	–	1.875,00
5	ANK kein Aufwand! § 255 Abs. 1 HGB	+	30,00
5	AfA (20 % von 430 €) GWG i.S.d. § 6 Abs. 2a EStG (Sammelposten)	–	86,00
6	Ansatz des niedrigeren Teilwerts! § 6 Abs. 1 Nr. 2 EStG/§ 253 Abs. 3 HGB a.F.	–	5.000,00
7	Damnum in Höhe von 20.000 € ist auf 10 Jahre zu verteilen (H 6.10 (Damnum) EStH).	+	18.000,00
	endgültiger Gewinn	=	**122.469,00**

10 Gewinnermittlung ohne Betriebsvermögens-vergleich

Fall 1:

Tz.	Betriebseinnahmen	Betriebsausgaben
1.	**1.190 €** Übergabe des Schecks (31.12.09) gilt als Zufluss (siehe Lehrbuch S. 33).	
2.		400 € GWG (500 € – 100 €) i.S.d. § 6 Abs. 2a EStG BA: AfA 20 % vom 400 € = **80 €** Vorsteuer bei Zahlung BA: **76 €** (95 € – 19 €)
3.		**1.200 €** Vorschüsse sind im Zeitpunkt der Zahlung abziehbar (kein aktiver RAP).
4.	**1.000 €** Investitionsabzugsbetrag aus 2008 = Betriebseinnahme im Zeitpunkt der Anschaffung in 2009 (§ 7g Abs. 2 EStG).	**1.200 €** Sonderabschreibung nach § 7g Abs. 5 EStG im Zeitpunkt der Anschaffung abziehbar (20 % von 6.000 €). **1.140 €** Vorsteuer ist bei Zahlung BA (§ 11). **136 €** degressive AfA: 100 : 23 = 4,35 x 2,5 = 10,88 % v. 5.000 € (6.000 € – 1.000 €) = 544 € x 3/12 = 136 €
5.		**1.250 €** Miete ist regelmäßig wiederkehrende Ausgabe. Zahlung erfolgt innerhalb kurzer Zeit (10 Tage).
6.	**500 €** Privatentnahme erfolgt mit dem TW. **95 €** 19 % von 500 € = 95 €	**1 €** Restbuchwert = BA.

Fall 2:

Nr.	Vorgänge	Betriebs-einnahmen + EUR	Betriebs-einnahmen ./. EUR	Betriebs-ausgaben + EUR	Betriebs-ausgaben ./. EUR
	Ausgangswerte	145.529,40		100.480	
1.	Das Kopiergerät ist ein GWG i.S.d. § 6 Abs. 2a EStG. BA: 20 % von 400 € = 80 €			80	400
2.	Nutzungsentnahme und USt auf die unentg. Leistungen sind als BE anzusetzen: 1 % von 50.000 € x 12 = 6.000 € 19 % USt v. 4.800 € (6.000 – 1.200)	6.000,00 912,00			
3.	0,03 % v. 50.000 = 15 € x 40 = 600 € –15 x 20 x 0,30 = – 90 € = positiver Untersch.f.1 M. 510 € nicht abz. BA für 1 Jahr x 12 = 6.120	6.120,00			
4.	VoSt ist bei Zahlung BA. Die AfA nach § 7 beträgt 25 % von 3.000 € = 750 € x 8/12 = 500 €			570 500	
5.	Anzahlung ist im Zeitpunkt der Zahlung BA.			2.000	
6.	Geschenke, die der Stpfl. mit Rücksicht auf die geschäftlichen Beziehungen erhält, sind BE Jahres-AfA nach § 7: 25 % von 10.000 € = 2.500 € Pütz kann die volle Jahres-AfA als BA absetzen (2.500 € x 12/12)	10.000,00		2.500	
7.	Die Miete gehört als regelmäßig wiederkehrende BA ins neue Jahr.				1.500
8.	Gewerbesteuerabschlusszahlung ist keine BA.				2.331
		168.561,40	—	106.130 4.231	4.231
	./.				
	Betriebseinnahmen	168.561,40		101.899	
	– Betriebsausgaben	101.899,00			
	= berichtigter Gewinn	**66.662,40**			

Fall 3:

Nr.	Vorgänge	Betriebs-einnahmen + EUR	./. EUR	Betriebs-ausgaben + EUR	./. EUR
	Ausgangswerte	200.450		139.724	
1.	Darlehnsaufnahme stellt keine BA dar. Das Damnum wurde richtig als BA erfasst.				
2.	Der Wareneinkauf ist noch keine BA, da die Rechnung noch nicht bezahlt ist. Die EUSt ist bei Zahlung eine BA.			1.045	
3.	Geschenk über 35 Euro ist eine nichtabzugsfähige BA (§ 4 Abs. 5 Nr. 1).				119
4.	Aufmerksamkeiten sind bis 40 € als BA absetzbar (R 19.6. LStR).			39	
5.	Verkauf der Ford. ist eine BE. Forderungsausfall ist keine BA.	2.100			280
6.	Warenverlust ist keine BA. Versicherungsleistung ist eine BE.	1.800			
7. a)	VoSt ist als BA abzugsfähig. Investitionsabzugsbetrag (40 % von 52.550 € * = 21.020 €) = BE degressive AfA: 25 % v. 31.530 € (52.550-21.020) x 4/12 = 2.628 € Sonder-AfA: 20 % von 31.530 € * 52.300 € + 250 € = 52.550 €	21.020		9.937 2.628 6.306	
b)	Restbuchwert = BA Inzahlungnahme = BE	10.000		9.000	
8. a)	Zinsen sind als regelmäßig wiederkehrende BE innerhalb von 10 Tagen erfolgt.	460			
b)	Kfz-Versicherung ist als regelmäßig wiederkehrende BA in 2010 abzugsfähig (§ 11).				
		235.830		168.679 − 399	399
				168.280	

	Betriebseinnahmen	235.830	
−	Betriebsausgaben	− 168.280	
=	**berichtigter Gewinn**	**67.550**	

Zusammenfassende Erfolgskontrolle zum 1. bis 10. Kapitel

Fall 1:

	Ehemann EUR	Ehefrau EUR	Gesamt EUR
Einkünfte aus selbständiger Arbeit (§ 18)			
BE Arztpraxis (Tz. 1) 259.920			
– BA Arztpraxis (Tz. 2) 125.160			
vorläufiger Gewinn 134.760			
+ Med. Gerät (Tz. 2.1) + 2.400			
– Investitionsabzugsbetrag nach § 7g Abs. 1 (40 % von 2.400 €) – 960			
Die AfA kann erst im Jahr der Anschaffung (2010) als BA vorgenommen werden. Die Zahlung in 2009 ist irrelevant. Computer (Tz. 2.2) kann im Jahr der Anschaffung (GWG) abgesetzt werden (20 % v. 410 €) – 82			
+ Darlehnsrückzahlung (Tz. 2.3) keine BA + 4.000			
Gewinn Arztpraxis 140.118			
Gewinn schriftst. Tätigkeit 40.000	180.118		180.118
Einkünfte aus V und V (§ 21)			
ZFH der Ehefrau		18.500	18.500
= Einkünfte der Eheleute Fabel			**198.618**

Fall 2:

Tz.	Vorgänge	Betriebseinnahmen EUR	Betriebsausgaben EUR
1.	Vorsteuer = Betriebsausgabe 19 % von 7.800 € (8.000 € – 200 €)		1.482
	lineare AfA nach § 7 Abs. 2 = BA (25 % von 5.000 €* = 1.250 € x 5/12)		521
	Sonder-AfA nach § 7g Abs. 5 = BA (20 % von 5.000 €) * 7.800 € – 2.800 €		1.000
	Investitionsabzugsbetrag = BE (40 % von 7.000 €)	2.800	
2.	gezahlte Umsatzsteuer = Betriebsausgabe		2.260
3 a	AfA + Restbuchwert = Betriebsausgabe (600 € + 1.200 €)		1.800
3 b	Das Büromaterial wurde bereits zum Zeitpunkt der Bezahlung als Betriebsausgabe erfasst. Keine Auswirkung.		0

11 Überschusseinkünfte

11.1 Einkünfte aus nichtselbständiger Arbeit (§ 19 EStG)

Fall 1:

	Arbeit-nehmer
1. Die Auszubildende A ist bei einem Steuerberater tätig und bezieht für ihre Tätigkeit eine Ausbildungsvergütung.	ja
2. Studienrat B ist als Beamter beim Land Rheinland-Pfalz tätig und bezieht für seine Tätigkeit ein Gehalt.	ja
3. C erhält als Ruhestandsbeamter vom Land Nordrhein-Westfalen eine Pension.	ja
4. D erhält als Rentner eine Altersrente aus der gesetzlichen Renten-versicherung.	nein
5. E erhält seit Vollendung seines 65. Lebensjahres aus der betrieblichen Pensionskasse e.V. der X-AG aufgrund seiner früheren Beitrags-leistungen eine Rente.	nein
6. F bezieht als ehemaliger leitender Angestellter von seinem früheren Arbeitgeber eine Pension. Die Pension beruht **nicht** auf früheren Beitragsleistungen des F.	ja
7. Witwe G bezieht nach dem Tode ihres Ehemannes, der beim Finanzamt als Beamter tätig war, eine Witwenpension.	ja
8. Witwe H bezieht nach dem Tode ihres Ehemannes, der beim Finanzamt als Angestellter tätig war, eine Witwenrente.	nein
9. Frau Dr. I bezieht als angestellte Ärztin bei der Universitätsklinik Köln ein Gehalt.	ja

Fall 2:

	Arbeits-lohn
1. Goldmünzen (Sachbezüge)	ja
2. kostenlose Zurverfügungstellung des Tischtennisraumes	nein
3. Blumenstrauß (Aufmerksamkeit bis 40 Euro steuerfrei)	nein
4. Barlohn und freie Kost (Sachbezüge)	ja
5. Pension	ja
6. Ausbildungsvergütung	ja
7. Vertreterprovision (Betriebseinnahmen)	nein
8. Barlohn und freie Wohnung (Sachbezüge)	ja
9. Seminar (betriebliche Fortbildungsleistung)	nein

Fall 3:

Zu 1.

Der monatliche **Sachbezugswert** beträgt **2009**:

für Unterkunft	204,00 EUR
für Verpflegung (**Monatswert**)	210,00 EUR *)
geldwerter Vorteil insgesamt	414,00 EUR

*) (1,53 € + 2,73 € + 2,73 € = 6,99 € x 30 Tage = 209,70 €)

Zu 2.

Bruttogehalt		1.126,00 EUR
+ Sachbezug (**Unterkunft**)		**204,00 EUR**
+ Sachbezug (**Verpflegung**), netto	176,47 €	
+ 19 % USt	33,53 €	**210,00 EUR**
= steuer- und sozialversicherungspflichtiger **Arbeitslohn**		**1.540,00 EUR**

Fall 4:

geldwerte Vorteile für Privatfahrten (1 % von 30.600 € *))	306,00 EUR
Zuschlag für Fahrten zwischen Wohnung und Arbeitsstätte (0,03 % von 30.600 € x 30 km)	275,40 EUR
= **geldwerter Vorteil insgesamt**	**581,40 EUR**

*) 30.677,51 € sind auf volle 100 Euro abzurunden = 30.600 €

Fall 5:

Wohnzimmerschrank-Endpreis	7.500,00 EUR
– 4 % von 7.500 €	– 300,00 EUR
geminderter Endpreis	7.200,00 EUR
– bezahlter Preis des Arbeitnehmers	– 5.000,00 EUR
Arbeitslohn	2.200,00 EUR
– Rabatt-Freibetrag (§ 8 Abs. 3)	– 1.080,00 EUR
= **geldwerter Vorteil**	**1.120,00 EUR**

Fall 6:

Versorgungsbezüge für 12 Monate:		
Ruhegehalt (12 x 600 €)	7.200 €	
Weihnachtsgeld	1.100 €	
Bemessungsgrundlage:	8.300 €	

Versorgungsfreibetrag:
40 % von 8.300 € = 3.320 €, höchstens	3.000 EUR
Zuschlag zum Versorgungsfreibetrag	900 EUR
insgesamt	**3.900 EUR**

Der jährliche Freibetrag von **3.900 €** (3.000 € + 900 €) aus dem Jahr 2005 wird bis ans Lebensende der Diana Zorn festgeschrieben.

Fall 7:

Versorgungsbezüge (3 x 1.000 €)	3.000 €	
Bemessungsgrundlage (12 x 1.000 €)	12.000 €	(§ 19 Abs. 2 S. 4 Buchst. b)

Versorgungsfreibetrag:
33,6 % von 12.000 € = 4.032 €, höchstens	2.520 €
Zuschlag zum Versorgungsfreibetrag	756 €
Summe	3.276 €
anteilig zu gewähren mit 3/12 = (3.276 € x 3/12)	**819 EUR**
(§ 19 Abs. 2 S. 12)	

Der jährliche Freibetrag von **3.276 €** (2.520 € + 756 €) aus dem Jahr 2009 wird bis ans Lebensende des Jochen Niedersberg festgeschrieben (§ 19 Abs. 2 Satz 8).

Fall 8:

Versorgungsbezüge (12 x 400 €)	4.800 €	
Bemessungsgrundlage (12 x 400 €)	4.800 €	(§ 19 Abs. 2 S. 4 Buchst. b)

Versorgungsfreibetrag:
40 % von 4.800 € = 1.920 €, höchstens 3.000 €	1.920 €
Zuschlag zum Versorgungsfreibetrag	900 €
Summe	**2.820 EUR**

Der jährliche Freibetrag von **2.820 €** (1.920 € + 900 €) aus dem Jahr 2005 wird bis ans Lebensende des Manfred Schneider festgeschrieben (§ 19 Abs. 2 S. 8).

Fall 9:

Die **Entfernungspauschale** beträgt für den VZ 2009:

235 Arbeitstage x 2 km x 0,30 € =   **141 EUR**

Fall 10:

Die **Entfernungspauschale** beträgt für den VZ 2009:

235 Arbeitstage x 2 km x 0,30 € =   **141 EUR**

Fall 11:

Die **Entfernungspauschale** beträgt für den VZ 2009:

230 Arbeitstage x 30 km x 0,30 € =   **2.070 EUR**

Fall 12:

Ehemann:

230 Arbeitstage x 20 km x 0,30 € =   1.380 EUR

Ehefrau:

230 Arbeitstage x 20 km x 0,30 € =   1.380 EUR

insgesamt   **2.760 EUR**

Fall 13:

		EUR
Bruttogehalt i.S.d. § 19 Abs. 1 EStG	18.500 €	
– Werbungskosten:		
130 Tage x 25 km x 0,30 € =	– 975 €	
Entfernungspauschale höher als WKP (920 €)		17.525
Versorgungsbezüge i.S.d. § 19 Abs. 2 EStG		
Pension für 5 Monate (5 x 1.980 €)	9.900 €	
Bemessungsgrundlage (12 x 1.980 €) 23.760 € (§ 19 Abs. 2 S. 4 Buchst. b)		
– **Versorgungsfreibetrag**:		
33,6 % von 23.760 € = 7.983 €, höchstens	2.520 €	
Zuschlag zum Versorgungsfreibetrag	756 €	
	3.276 €	
anteilig: 3.276 € x 5/12 (§ 19 Abs. 2 S. 12) =	– 1.365 €	
= steuerpflichtiger Teil der Versorgungsbezüge	8.535 €	
– Werbungskosten-Pauschbetrag (§ 9a S. 1 Nr. 1b)	– 102 €	8.433
= Einkünfte aus nichtselbständiger Arbeit im VZ 2009		**25.958**

Fall 14:

Die Eheleute können von den Kinderbetreuungskosten **4.000 €** als Werbungskosten bzw. Betriebsausgaben im VZ 2009 geltend machen (§ 9c Abs. 1 EStG):

2/3 von 7.500 € = 5.000 €, höchstens   **4.000 €**

2.500 € (1/3 von 7.500 €) der Kosten müssen die Eltern selbst tragen.

11.2 Einkünfte aus Kapitalvermögen (§ 20 EStG)

<u>Fall 1:</u>

zu 1.

	EUR
Netto-Dividende (73,625 % der Brutto-Dividende)	883,50
+ Kapitalertragsteuer (25 % von 1.200 €)	300,00
+ Solidaritätszuschlag (5,5 % von 300 €)	16,50
= **Brutto-Dividende**	**1.200,00**

zu 2.

Durch die Abgeltungsteuer sind die steuerpflichtigen Einnahmen abschließend abgegolten, sodass sie im Rahmen der Veranlagung nicht mehr zu erklären sind.

<u>Fall 2:</u>

zu 1.

Die **Brutto-Dividende** beträgt **3.000 €** (2.208,75 € : 73,625 x 100 = 3.000 €).

zu 2.

Durch die Abgeltungsteuer sind die steuerpflichtigen Einnahmen abschließend abgegolten, sodass sie im Rahmen der Veranlagung nicht mehr zu erklären sind.

<u>Fall 3:</u>

zu 1.

		EUR
Bankgutschrift (73,625 % der Brutto-Einnahme)	7.000,00 €	
+ Kapitalertragsteuer (25 % von 9.507,64 €)	2.376,91 €	
+ Solidaritätszuschlag (5,5 % von 2.376,91€)	130,73 €	
= **steuerpflichtige Einnahme** aus Kapitalvermögen		**9.507,64**

zu 2.

Durch die Abgeltungsteuer sind die steuerpflichtigen Einnahmen abschließend abgegolten, sodass sie im Rahmen der Veranlagung nicht mehr zu erklären sind.

<u>Fall 4:</u>

zu 1.

Nach § 20 Abs. 1 Nr. 6 Satz 1 EStG betragen die steuerpflichtigen **Einnahmen** aus Kapitalvermögen **30.000 €** (90.000 € – 60.000 €).

zu 2.

Ja, die Erträge fallen **nicht** unter den abgeltenden Steuersatz von 25 % (§ 32d Abs. 2 Nr. 2 EStG).

<u>Fall 5:</u>

zu 1.

		EUR
Netto-Zinsen (73,625% der Brutto-Zinsen)	6.200,00 €	
+ Zinsabschlag (25 % von 8.421,05 €)	2.105,26 €	
+ Solidaritätszuschlag (5,5 % von 2.105,26 €)	115,79 €	
= **steuerpflichtige Einnahme** (Brutto-Zinsen)		**8.421,05**

zu 2.

Durch die Abgeltungsteuer sind die Zinsen abschließend abgegolten, sodass sie im Rahmen der Veranlagung nicht mehr zu erklären sind.

Fall 6:

zu 1.

Veräußerungspreis	45.000 €
– Veräußerungskosten	– 1.200 €
– Anschaffungskosten	– 35.000 €
= **Veräußerungsgewinn**	**8.800 €**

zu 2.

Der Veräußerungsgewinn in Höhe von 8.800 € ist **steuerpflichtig** und wird von der Abgeltungsteuer erfasst, weil die Aktien **nach dem 31.12.2008** erworben wurden. Die tatsächlichen Werbungskosten können nicht mehr berücksichtigt werden (§ 20 Abs. 9 EStG).

Fall 7:

Dividenden	450 €
steuerpflichtiger Ertrag	**450 €**
verrechnet mit Sparer-Pauschbetrag	**450 €**
Salden dieser Abrechnung (07.05.2009)	
Verlustverrechnungstopf Aktien	0 €
Verlustverrechnungstopf Sonstige	0 €
Sparer-Pauschbetrag (**801 € – 247 € – 450 €**)	**104 €**

Fall 8:

Justus Frank werden die Dividenden **in voller Höhe** (**vor** Abzug der Kapitalertragsteuer und des Solidaritätszuschlags) gutgeschrieben, weil er seiner Bank eine NV-Bescheinigung eingereicht hat.
Die Brutto-Dividende wird von der Abgeltungsteuer **nicht** erfasst (§ 44a Abs. 2 Nr. 2 EStG).

Fall 9:

zu 1.

	EM €	EF €	gesamt €
Einnahmen aus Kapitalvermögen (§ 8 Abs. 1)	450	3.800	
– Sparer-Pauschbetrag (§ 20 Abs. 9)	– 450	– 1.152	
= Einkünfte aus Kapitalvermögen (§ 20 Abs. 1)	0	2.648	2.648

zu 2.

Die Einkünfte der Eheleute unterliegen der Kapitalertragsteuer und dem Solidaritätszuschlag.

Einkünfte (Brutto-Dividende)	2.648,00 €
– KapESt (25 % von 2.648 €)	– 662,00 €
– SolZ (5,5 % von 662 €)	– 36,41 €
= Netto-Dividende	1.949,59 €

Mit dem Steuerabzug sind die Dividenden bereits abschließend abgegolten.

Fall 10:

zu 1.

	EM EUR	EF EUR	gesamt EUR
Einkünfte aus nichtselbständiger Arbeit (§ 19)			
Bruttoarbeitslohn 33.252 €			
− Arbeitnehmer-Pauschbetrag − 920 €	32.332		32.332
Einkünfte aus Kapitalvermögen (§ 20)			
Die Einkünfte aus Kapitalvermögen sind durch die Abgeltungsteuer abgegolten (siehe unten).			0
= **Einkünfte der Eheleute Alt**			**32.332**

Die Einkünfte in Höhe von 32.332 € unterliegen dem **persönlichen** (individuellen) Steuersatz der Eheleute.

zu 2.

	EM €	EF €	gesamt €
Brutto-Dividende	4.800	1.000	
Brutto-Zinsen		500	
Einnahmen	4.800	1.500	
− Sparer-Pauschbetrag (§ 20 Abs. 9)	− 801	− 801	
= Einkünfte	3.999	699	4.698,00
− KapESt (25 % von 4.698 €)			−1.174,50
− SolZ (5,5 % von 1.174,50 €)			− 64,60
			3.458,90

Mit dem Steuerabzug (KapESt + SolZ) sind die Kapitalerträge **abgegolten**, sodass die laufenden Kapitalerträge (Dividenden und Zinsen) in der Einkommensteuererklärung der Eheleute **nicht** mehr angegeben werden müssen.

Fall 11:

zu 1.
Frau Stein hat den Sparer-Pauschbetrag (§ 20 Abs. 9) insgesamt nicht überschritten. Da die Freistellungsaufträge jedoch betragsmäßig nicht den Kapitalerträgen angepasst erteilt wurden, musste die Volksbank nach Berücksichtigung des vorliegenden Freistellungsauftrags einen Steuerabzug vornehmen (600 € − 201 € = 399 € x 0,73625 = 293,76 € Gutschrift). Frau Stein kann die "kleine Veranlagungsoption" gem. § 32d Abs. 4 wählen, um den Sparer-Pauschbetrag vollständig zu nutzen.

zu 2.
Frau Stein sollte die "große Veranlagungsoption" wählen (§ 32d Abs. 6), damit die Kapitaleinkünfte mit ihrem individuellen Steuersatz von 20 % besteuert werden.

11.3 Einkünfte aus Vermietung und Verpachtung (§ 21 EStG)

Fall 1:

Einnahmen aus Vermietung (§ 8 Abs. 1 i.V.m. § 21 Abs. 1 EStG):

Tz. 1 Mieten 2009 für drei Wohnungen	18.000 EUR
Tz. 2 Mieten Oktober/November 2008, in 2009 vereinnahmt	1.000 EUR
Tz. 3 Garagenmieten	300 EUR
Tz. 4 Vermietung Werbefläche	60 EUR

Tz. 5 Umlagen (H 21.2 (Einnahmen) EStH i.V.m. § 11 EStG)

in 2009 für 2009 vereinnahmt	1.350 €	
in 2009 für 2008 vereinnahmt	550 €	1.900 EUR
insgesamt		**21.260 EUR**

Fall 2:

Einkünfte aus Vermietung und Verpachtung:

Einnahmen (§ 8 Abs. 1 EStG):

EG (41,67 % der ortsüblichen Miete)	5.000 EUR
1. OG (100 % der ortsüblichen Miete)	12.000 EUR
2. OG (58,33 % der ortsüblichen Miete)	7.000 EUR
	24.000 EUR

– **Werbungskosten** (§ 9 Abs. 1 EStG):

EG : 41,67 % von 5.000 = 2.084 € (§ 21 Abs. 2 EStG)		
1. OG	5.000 €	
2. OG	5.000 €	12.084 EUR
= **Einkünfte** (§ 21 Abs. 1 EStG)		**11.916 EUR**

Fall 3:

Werbungskosten (§ 9 Abs. 1 Nr. 1 EStG; H 21.2 (Finanzierungskosten) EStH):

Schuldzinsen (8 % von 150.000 € für 9 Monate)	9.000 EUR
Damnum (2 % von 150.000 €)	3.000 EUR
Grundbuch- und Notargebühren (800 € + 700 €)	1.500 EUR
insgesamt	**13.500 EUR**

Fall 4:

Werbungskosten (Quellenangaben siehe oben):

Darlehnszinsen	10.500 EUR
Geldbeschaffungskosten	2.000 EUR
insgesamt	**12.500 EUR**

Fall 5:

1. Austausch Fenster und Türschlösser: EA

2. Heizungsumstellung: EA

3. Ausbau des Dachgeschosses: HA

4. Markisenanbau (BFH v. 29.8.1989, BStBl. 1990 II S. 430):   HA

5. Einbau einer Alarmanlage (BFH v. 16.2.1993, BStBl. 1993 II S. 544):   HA

6. Anbau eines Wintergartens: HA

7. Austausch des Öltanks: EA

Wirkung EA/HA:
EA mindert als sofort abzugsfähiger Aufwand die Einkünfte in voller Höhe.
HA mindert die Einkünfte nur in Höhe der anteiligen Jahresabschreibung.

Fall 6:

Einnahmen (§ 8 Abs. 1 S. 1 EStG):

Tz. 1 Mieteinnahmen		21.150 €	
a) Miete für Januar 2010, die erst in 2010 anzusetzen ist (§ 11 Abs. 1 EStG; H 11 (Allgemeines) EStH; **Zurechnung**sprinzip)		– 750 €	
b) Die Miete für Nov. und Dez. 2008 und Januar 2009 ist in 2009 anzusetzen (§ 11 Abs. 1 EStG; **Zufluss**prinzip)		0,00 €	20.400 EUR
Tz. 2 Einnahmen aus Umlagen [H 21.2 (Einnahmen) EStH]			2.350 EUR
Summe der Einnahmen			22.750 EUR

– **Werbungskosten** (§ 9 Abs. 1 EStG):

Tz. 3 Grundsteuer, Versicherungen (§ 9 Abs. 1 Nr. 2 EStG)	450 €		
Tz. 4 Einbau von Rollläden	1.850 €		
Die Ausgaben können als Erhaltungsaufwand behandelt werden, da sie nicht mehr als 4.000 Euro betragen (R 21.1 Abs. 2 S. 1 u 2 EStR).			
Tz. 5 Außenanstrich Erhaltungsaufwand	7.500 €		
Tz. 6 sonstige Reparaturkosten	400 €		
Tz. 7 Gebühren für Wasser, Müllabfuhr usw.	2.350 €		
Tz. 8 AfA (§ 9 Abs. 1 Nr. 7 EStG)	3.150 €	– 15.700 EUR	
= **Einkünfte aus Vermietung und Verpachtung** (§ 21 Abs. 1 EStG)		**7.050 EUR**	

Fall 7:

lineare AfA (§ 7 Abs. 4 Nr. 2a EStG)

    2 % von 450.000 € = 9.000 € für 3 Monate   **2.250 EUR**
                (9.000 € x 3/12)

(Anteilige Jahres-AfA entsprechend § 7 Abs. 1 Satz 4 EStG)

Fall 8:

degressive AfA (§ 7 Abs. 5 Nr. 3c EStG/Staffel 04, 5. Jahr)

    4 % von 125.000 € =   **5.000 EUR**

[Volle Jahres-AfA gem. H 7.4 (Teil des auf ein Jahr entfallenden AfA-Betrags) EStH]

Fall 9:

Zu 1.	Miete und Nebenkosten [750 € x 6/H 11(Allgemeines) EStH]	4.500 EUR
	Kaution (keine Einnahmen)	0 EUR
	Schadenersatz [H 21.2 (Einnahmen) EStH]	119 EUR
	Einnahmen aus Vermietung und Verpachtung (§ 8 Abs. 1)	**4.619 EUR**

Zu 2.	Kaufpreis	245.000 EUR
	+ Grunderwerbsteuer (3,5 % von 245.000 €)	8.575 EUR
	+ Notar (2.000 € + 380 € USt)	2.380 EUR
	+ Grundbuch	550 EUR
	= AK ETW einschließlich Grund und Boden	256.505 EUR
	= AK nur Wohnung (95 % von 256.505 €)	243.680 EUR
	lineare AfA: (§ 7 Abs. 4 Nr. 2a): 2 % v.243.680 € x 8/12 =	**3.249 EUR**

Zu 3.	Notar (1.400 € + 266 € USt)	1.666 EUR
	Grundbuch	330 EUR
	laufende Kosten	1.300 EUR
	Schuldzinsen	7.480 EUR
	AfA	3.249 EUR
	Werbungskosten (§ 9 Abs. 1)	**14.025 EUR**

Fall 10:

Einnahmen (§ 8 Abs. 1 EStG):

Miete Erdgeschoss (120 x 10 € x 12)	14.400 EUR
1. OG wird in vollem Umfang zu eigenen Wohnzwecken genutzt	0 EUR
Umlagen	1.275 EUR
Summe der Einnahmen	15.675 EUR

– **Werbungskosten** (§ 9 Abs. 1 EStG):

Schuldzinsen	6.916 €	
Haushaftpflichtversicherungsbeitrag	600 €	
Brandversicherungsbeitrag	100 €	
sonstige Hauskosten (umlagefähig)	2.550 €	
degressive AfA nach § 7 Abs. 5 (2 % v. 180.000 €)	3.600 €	
(§ 7 Abs. 5 Nr. 3a; Staffel 89, 16. Jahr)		
	13.766 € : 2 =	6.883 EUR

= **Einkünfte aus Vermietung und Verpachtung** (§ 21 Abs. 1 EStG) **8.792 EUR**

Fall 11:

	EUR
Einkünfte aus selbständiger Arbeit (§ 18)	
Betriebseinnahmen 25.000 €	
– Betriebsausgaben, vorläufig – 13.113 €	
vorläufiger Gewinn 11.887 €	
– restliche Betriebsausgaben *) – **1.410 €**	10.477,00
Einkünfte aus Vermietung und Verpachtung (§ 21)	0,00
Bei dem **privat genutzten Teil des EFH** handelt es sich um ein begünstigtes Objekt i.S.d. EStG, das bei den Einkünften aus V+V **nicht** berücksichtigt wird. Der **betrieblich genutzte Teil des EFH** wird bei den Einkünften aus selbständiger Arbeit berücksichtigt (§ 21 Abs. 3/vgl. *).	
= **Einkünfte der Eheleute Steinert**	**10.477,00**

*) Die **restlichen Betriebsausgaben** berechnen sich wie folgt:

Grundsteuer u. sonstige WK (20 % von 800 €)	160 EUR
Schuldzinsen (20 % von 2.500 €)	500 EUR
degressive AfA (2,5 % v. 30.000 €) (§ 7 Abs. 5 Nr. 1; Staffel 85, 15. Jahr)	750 EUR
Betriebsausgaben insgesamt	**1.410 EUR**

Fall 12:

Einnahmen (§ 8 Abs. 1 EStG):

Erdgeschoss [12 x (3.000 € + 400 €)]	40.800,00 EUR
vereinnahmte Umsatzsteuer (19 % von 40.800 €)	7.752,00 EUR
1. Obergeschoss (12 x 450 €)	5.400,00 EUR

Hinweis:
Die Miete (einschl. der umlagefähigen Kosten) für das 1. OG
beträgt nur **37,5 %** der ortsüblichen Miete, also weniger als 56 %.
Aus diesem Grund können 62,5 % der anteiligen Hausaufwendungen
nicht als Werbungskosten abgezogen werden (§ 21 Abs. 2 EStG).

2. Obergeschoss (12 x 1.200 €)	14.400,00 EUR
Summe der Einnahmen	68.352,00 EUR

– **Werbungskosten** (§ 9 Abs. 1 EStG):

Grundbesitzabgaben	1.978,60 €	
Wohngebäudeversicherung	768,40 €	
Gebäudehaftpflichtversicherung	450,00 €	
Schornsteinfegergebühr	228,40 €	
Hausstrom	268,30 €	
Wasser	2.240,12 €	
Heizöl	2.980,11 €	
Reparaturen	21.000,00 €	
AfA	3.870,00 €	
	33.783,93 €	
x 2/3 (EG + 2. OG)	– 22.522,62 €	– 22.522,62 EUR
	11.261,31 €	
x 62,5 % (62,5 % von 11.261,31 €)	– 7.038,32 € (**nicht** abziehbar)	
x **37,5 %***) (37,5 % von 11.261,31 €)	– 4.222,99 € (abziehbar)	– 4.222,99 EUR
*) (37,5 % = 1. OG, vgl. Hinweis oben)	0,00 €	

Reparatur Bäckerei (**100 %**)	– 11.600,00 EUR
gezahlte USt in 2009 (4 x 1.632 €) (**100 %**)	– 6.528,00 EUR
= **Einkünfte** aus Vermietung und Verpachtung (§ 21 Abs. 1)	**23.478,39 EUR**

Fall 13:

Einnahmen (§ 8 Abs. 1 EStG):

Erdgeschoss (2.000 € x 2 Monate)   4.000,00 EUR

– **Werbungskosten** (§ 9 Abs. 1 EStG)*:

Darlehnszinsen (15.000 € x 50 %)	7.500 €
Disagio (2 % von 308.500 € = 6.170 € x 50 %)	3.085 €
Grundsteuer (400 € x 50 %)	200 €
Geldbeschaffungskosten (1.200 € x 50 %)	600 €
Abschreibung (siehe unten Ermittlung der AfA)	511 €

                                                         – 11.896,00 EUR

= **Einkünfte aus Vermietung und Verpachtung** (§ 21 Abs. 1)   **– 7.896,00 EUR**

* Aufgrund der fehlenden Vermietungsabsicht sind nur 50 % der Werbungskosten
zu berücksichtigen (zur Problematik "Einkünfteerzielungsabsicht bei leerstehenden
Immobilien" vgl. BMF-Schreiben vom 8.10.2004, BStBl. I 2004 S. 933 ff).

Ermittlung der Abschreibung (§ 7 Abs. 4 Nr. 2a EStG):

Grunderwerbsteuer (AK Grund und Boden)	0,00 €
Notar- und Grundbuchkosten (AK Grund und Boden)	0,00 €
Straßenanliegerbeiträge (AK Grund und Boden)	0,00 €
Baugenehmigungsgebühr	300,00 €
Architektenhonorar	6.300,00 €
Bauunternehmer	300.000,00 €
Grundsteuer (Werbungskosten)	0,00 €
= Herstellungskosten (vgl. auch R 6.4 EStR u. H 6.4 EStH)	306.600,00 €
davon entfallen 50 % * auf vermietetes EG =	153.300,00 €
Abschreibung: 2 % von 153.300 € = 3.066 € x 2/12 =	**511,00 €**

11.4 Sonstige Einkünfte im Sinne des § 22 EStG

Fall 1:

Rente aus der gesetzlichen Rentenversicherung	19.626 €	
+ Rente aus der betrieblichen Pensionskasse (12 x 500 €)	6.000 €	
= Jahresbetrag der Rente	25.626 €	
– unveränderter Rentenfreibetrag aus dem VZ 2005	– 12.813 €	
steuerpflichtiger Teil der Rente (Einnahme) im VZ 2009		**12.813 EUR**

(Besteuerungsanteil: 50 % von 25.626 € = 12.813 €/§ 22 Nr. 1 Satz 3
Buchstabe a Doppelbuchstabe aa Sätze 1 bis 5 = Bestandsrente)

Fall 2:

Renteneintritt 1.7.2009 (6 x 1.200 €) *)	7.200 €	
– Rentenfreibetrag (42 % von 7.200 €)	– 3.024 €	
steuerpflichtiger Teil der Rente (Einnahme) im VZ 2009		**4.176 EUR**

(Besteuerungsanteil: 58 % von 7.200 € = 4.176 €/§ 22 Nr. 1 Satz 3
Buchstabe a Doppelbuchstabe aa Sätze 1 bis 4)

*) 1.116 € Netto-Rente : 93 (100 – 7) x 100 = 1.200 € Brutto-Rente

Fall 3:

steuerpflichtiger Teil der Rente (Einnahme)		12.813 EUR
– Werbungskosten-Pauschbetrag (§ 9a Satz 1 Nr. 3)	–	102 EUR
= **sonstige Einkünfte i.S.d. § 22 Abs. 1 Nr. 1a**		**12.711 EUR**

Fall 4:

steuerpflichtiger Teil der Rente (Einnahme)		4.176 EUR
– Werbungskosten-Pauschbetrag (§ 9a Satz 1 Nr. 3)	–	102 EUR
= **sonstige Einkünfte i.S.d. § 22 Abs. 1 Nr. 1a**		**4.074 EUR**

Fall 5:

Tz. 1 Leibrente i.S.d. § 22 Nr. 1	7.614 €	
– unveränderte Rentenfreibetrag aus dem VZ 2005	– 3.807 €	
= steuerpflichtiger Teil der Rente im VZ 2009	3.807 €	
– WKP (§ 9a Satz 1 Nr. 3)	– 102 €	3.705 EUR
Tz. 2 private Veräußerungsgeschäfte i.S.d. § 23 Abs. 1 Nr. 1		
Veräußerungspreis	70.000 €	
– Anschaffungskosten	– 50.000 €	
– Veräußerungskosten (WK)	– 2.000 €	
= Gewinn aus privatem Veräußerungsgeschäft	18.000 €	18.000 EUR
= **sonstige Einkünfte i.S.d. § 22**		**21.705 EUR**

Fall 6:

Zu 1. **Ja**, weil der maßgebliche Zeitraum zwischen Anschaffung und Veräußerung
(2.9.2005 bis 29.12.2009) **nicht mehr als zehn Jahre** beträgt.

Zu 2.

Veräußerungspreis		650.000 EUR
– AK des Grund und Bodens		– 100.000 EUR
– fortgeführte HK des Gebäudes		
HK des Gebäudes	400.000 €	
4% degr. AfA (05 bis 08)	– 64.000 € (vgl. H 7.4 (Teil des ...)	
(2009: 11/12 v. 16.000)	– 14.667 €	– 321.333 EUR
– Veräußerungskosten (WK)		– 10.220 EUR
Gewinn aus privatem Veräußerungsgeschäft (§ 23 Abs. 3)		**218.447 EUR**

Zu 3. **Nein**, weil D im Zeitraum zwischen Fertigstellung und Veräußerung das Haus
ausschließlich zu eigenen Wohnzwecken verwendet (§ 23 Abs. 1 Nr. 1 S. 3).

Fall 7:

Ein Verlustausgleich ist in **2009 nicht** möglich, weil Maier keinen Gewinn aus privaten
Veräußerungsgeschäften erzielt hat (§ 23 Abs. 3 **Satz 7**). Ein Ausgleich mit
anderen Einkunftsarten ist unzulässig.

Nach § 23 Abs. 3 **Satz 8** kann Maier jedoch von dem Verlust (50.000 €) des Jahres
2009 einen Teilbetrag in Höhe von **30.000 €** auf das Jahr **2008 zurücktragen** und mit
dem "Spekulationsgewinn" des Jahres 2008 verrechnen. Der in 2008 nicht ausgeglichene
Verlust in Höhe von **20.000 €** kann auf die Jahre **2010 ff. vorgetragen** werden.

Fall 8:

	EM EUR	EF EUR	Gesamt EUR
sonstige Einkünfte i.S.d. § 22			
EM 245 € steuerfrei, weil die Freigrenze (255,99 €) **nicht** überschritten ist (§ 22 Nr. 3 Satz 2)	0		
EF 300 € steuerpflichtig, weil die Freigrenze (255,99 €) überschritten ist (§ 22 Nr. 3 Satz 2)		300	300

Zusammenfassende Erfolgskontrolle zum 1. bis 11. Kapitel

	EM EUR	EF EUR	Gesamt EUR
Einkünfte aus nichtselbst. Arbeit (§ 19)			
Einnahmen 22.602 €			
– Werbungskosten			
Fahrtkosten: 220 Tage x 22 km x 0,30 € 1.452 €			
typische Berufskleidung 150 €			
Gewerkschaftsbeiträge (16 € x 12) 192 €			
WK höher als WKP	20.808		20.808
Einkünfte aus Kapitalvermögen (§ 20)			
Brutto-Dividende			
(5.595,50 € : 73,625 x 100) 7.600,00 €			
– Sparer-Pauschbetrag (§ 20 Abs. 9) – 1.602,00 €			
= steuerpflichtige Einnahme 5.998,00 €			
– KapESt (25 % von 5.998 €) – 1.499,50 €			
– SolZ (5,5 % von 1.499,50 €) – 82,47 €			
4.416,03 €			
Mit dem Abzug der KapESt und des SolZ sind die Kapitalerträge steuerlich abschließend abgegolten.	0		0
Einkünfte aus Vermietung und Verpachtung (§ 21)			
EFH des Ehemannes in Koblenz			
Für die selbstgenutzte Wohnung ergeben sich keine Einkünfte aus V + V.			0
ZFH der Eheleute in Neuwied			
Einnahmen (750 € x 3) 2.250 €			
– Werbungskosten (§ 9 Abs. 1):			
Schuldzinsen – 6.750 €			
degressive Gebäude-AfA nach			
§ 7 Abs. 4 Nr. 2a (2 % v. 248.500 €) – 4.970 €			
Einkünfte Haus Neuwied **– 9.470 €**			
EFH der Eheleute in Bonn			
Einnahmen (1.250 € x 12) 15.000 €			
– Werbungskosten (§ 9 Abs. 1):			
AfA (2 % v. 375.000 €/§ 7 Abs. 4 Nr. 2a) – 7.500 €			
sonstige WK – 1.000 €			
Einkünfte Haus Bonn **+ 6.500 €**			
Verlust insgesamt (– 9.470 € + 6.500 €)	– 1.485	– 1.485	– 2.970
Übertrag:	19.323	– 1.485	17.838

Übertrag: sonstige Einkünfte i.S.d. § 22 i.V.m. § 23	19.323	− 1.485	17.838
Veräußerungspreis 505.000 €			
− AK 500.000 €			
AfA nach § 7 Abs. 4			
2 % von 375.000 €			
2008 AfA für 4 Monate 2.500 €			
2009 für 10 Monate 6.250 €			
verbleiben − 491.250 €			
− Veräußerungskosten (WK) − 2.600 €			
= Gewinn aus pr. Veräußerungsg. 11.150 €	5.575	5.575	11.150
= Einkünfte der Eheleute Weyer			**28.988**

12 Summe der Einkünfte

Fall 1:

	EUR
Einkünfte aus Gewerbebetrieb (§ 15)	20.000
Einkünfte aus selbständiger Arbeit (§ 18)	10.000
Einkünfte aus Vermietung und Verpachtung (§ 21)	
Einfamilienhaus 3.000 €	
Zweifamilienhaus − 10.000 €	
Mietwohngrundstück 5.000 €	− 2.000
sonstige Einkünfte i.S.d. § 22	
Verluste aus privaten Veräußerungsgeschäften	
dürfen **nicht** mit positiven Einkünften **anderer**	
Einkunftsarten ausgeglichen werden (§ 23 Abs. 3	
Satz 8)	0
= Summe der Einkünfte	**28.000**

Fall 2:

	Ehemann EUR	Ehefrau EUR	Gesamt EUR
Einkünfte aus Gewerbebetrieb (§ 15)	75.000		75.000
Einkünfte aus selbständiger Arbeit (§ 18)		40.000	40.000
Einkünfte aus Vermietung und Verpachtung (§ 21)	− 150.000	12.500	−137.500
sonstige Einkünfte i.S.d. § 22		− 2.500	− 2.500
= Summe der Einkünfte			**0**

Der nicht **ausgeglichene Verlust** in Höhe von **25.000 €** kann unter bestimmten Voraussetzungen nach § 10d EStG **zurückgetragen oder vorgetragen** werden.

Zusammenfassende Erfolgskontrolle zum 1. bis 12. Kapitel

	EUR
Einkünfte aus nichtselbständiger Arbeit (§ 19)	
Arbeitslohn aus aktiver Tätigkeit 15.000 € Ruhegehalt (**keine** Versorgungsbezüge, vgl. Alter) 600 € 15.600 € – Arbeitnehmer-Pauschbetrag (§ 9a Nr. 1a) – 920 €	14.680
Einkünfte aus Kapitalvermögen (§ 20)	
Einnahmen: 100 x 2,25 € (Brutto-Dividende) = 225,00 € – Sparer-Pauschbetrag (§ 20 Abs. 9) 801 €, höchstens – 225,00 € = steuerpflichtige Einnahme 0,00 €	0
Da der Sparer-Pauschbetrag noch nicht überschritten ist, wurde auch **keine Abgeltungsteuer** einbehalten.	
Einkünfte aus Vermietung und Verpachtung (§ 21)	
Bei der selbstgenutzten Eigentumswohnung liegen keine Einkünfte aus Vermietung und Verpachtung vor.	0
sonstige Einkünfte im Sinne des § 22	
Jahresbetrag der Rente (2 x 900 €) = 1.800 € – Rentenfreibetrag (42 % von 1.800 €) – 756 € steuerpflichtiger Teil der Rente (58 %) 1.044 € – Werbungskosten-Pauschbetrag (§ 9a) – 102 € 942 € bestimmte Leistungen 350 € – Werbungskosten – 72 € 278 €	1.220
= Summe der Einkünfte	**15.900**

13 Gesamtbetrag der Einkünfte

13.1 Altersentlastungsbetrag (§ 24a EStG)

Fall 1:

	EUR
Einkünfte aus nichtselbständiger Arbeit (§ 19)	
Versorgungsbezüge — 19.200 €	
– Versorgungsfreibetrag:	
40 % *) von 19.200 € = 7.680 €, höchstens 3.000 € – 3.000 € *)	
Zuschlag zum Versorgungsfreibetrag – 900 € *)	
= steuerpflichtiger Teil der Versorgungsbezüge 15.300 €	
– Werbungskosten-Pauschbetrag – 102 €	15.198
Einkünfte aus Vermietung und Verpachtung (§ 21)	6.000
= Summe der Einkünfte	21.198
– Altersentlastungsbetrag (§ 24a)	
33,6 % von 6.000 € = 2.016 €, höchstens	– 1.596 **)
= Gesamtbetrag der Einkünfte im VZ 2009	**19.602**

*) Da das Jahr des Versorgungsbeginns vor 2006 liegt, gilt der Prozentsatz von 40 %, der Höchstbetrag von 3.000 € und der Zuschlag von 900 € (§ 19 Abs. 2 Satz 3 EStG).

) Der Prozentsatz (33,6 %) und der Höchstbetrag (1.596 €**) bleiben beim Altersentlastungsbetrag auf Dauer **unverändert**. Allerdings wird – anders als bei den Renten und Versorgungsbezügen – kein lebenslanger Freibetrag festgeschrieben, weil in der Regel die Höhe der Einkünfte von Jahr zu Jahr schwanken wird.

13.2 Entlastungsbetrag für Alleinerziehende (§ 24b EStG)

Fall 2:

Die Steuerpflichtige Horn erfüllt alle Voraussetzungen des § 24b Abs. 1 und Abs. 2, sodass sie im VZ 2009 den **Entlastungsbetrag für Alleinerziehende** in Höhe von **1.308 Euro** in Anspruch nehmen kann.

13.3 Freibetrag für Land- und Forstwirte (§ 13 Abs. 3 EStG)

Fall 3:

	EM EUR	EF EUR	Gesamt EUR
Einkünfte aus L + F (§ 13)		25.000	25.000
Einkünfte aus Gewerbebetrieb (§ 15)	30.000		30.000
= **Summe der Einkünfte**			55.000
– Freibetrag für Land- und Forstwirte (§ 13 Abs. 3)			– 1.340
= **Gesamtbetrag der Einkünfte**			**53.660**

Zusammenfassende Erfolgskontrolle zum 1. bis 13. Kapitel

	Ehemann EUR	Ehefrau EUR	Gesamt EUR
Einkünfte aus Gewerbebetrieb (§ 15)			
vorläufiger Gewinn 65.000 € – degressive AfA Pkw 25 % von 20.000 € für 6 Monate (6/12) – 2.500 € + Erlös Verkauf Pkw + 2.000 € – Restbuchwert Pkw – 1 €	64.499		64.499

Einkünfte aus Kapitalvermögen (§ 20)

	EM	EF
Zinsen	750,00	750,00 *)
Brutto-Dividende		1.200,00 *)
	750,00	1.950,00
– Sparer-Pauschbetrag	–750,00	– 852,00
stpfl. Einnahme	0,00	1.098,00
– KapESt (25 % v. 1.098)		– 274,50
– SolZ (5,5 % v. 274,50)		– 15,10
	0,00	808,40

	Ehemann	Ehefrau	Gesamt
Mit dem Abzug der KapESt, des SolZ und der KiSt sind die Kapitalerträge abgegolten.	0	0	0

*) 1.080,07 € : 72,0049 x 100 = 1.500 €
   864,06 € : 72,0049 x 100 = 1.200 €

Einkünfte aus V + V (§ 21)

Einnahmen:			

Miete (800 € x 2 x 12)   19.200 €
Umlagen (160 € x 2 x 12)   3.840 €
         23.040 €
– Werbungskosten:
AfA (2 % von 250.000 €)   5.000 €
Schuldzinsen   1.800 €
Dachreparatur (EA)   5.950 €
Grundsteuer usw.   1.650 €
Schornsteinreinigung usw.   2.190 €
        16.590 €
	3.225	3.225	6.450

Die **Rente** von der Berufsgenossenschaft ist nach § 3 Nr. 1a EStG **steuerfrei**.

	Ehemann	Ehefrau	Gesamt
= Summe der Einkünfte	67.724	3.225	70.949
– Altersentlastungsbetrag (§ 24a)			
EM: 40 % von 67.724 € = 27.090 €, höchstens			– 1.900
EF: 40 % von 3.225 € =			– 1.290
= Gesamtbetrag der Einkünfte			**67.759**

14 Einkommen

14.1 Verlustabzug nach § 10d EStG

Fall 1:

	EUR
2008:	
Gesamtbetrag der Einkünfte	700.000
2009:	
Einkünfte aus Gewerbebetrieb (§ 15) − 600.000 €	
Einkünfte aus selbständiger Arbeit (§ 18) 0 €	
Gesamtbetrag der Einkünfte **− 600.000 €**	
Der Verlust von 600.000 € kann nur bis zur Höhe von auf das Jahr 2008 zurückgetragen werden.	− 511.500
verbleibender Gesamtbetrag der Einkünfte 2008	188.500

Der nicht ausgeglichene Verlust von **88.500 €** (600.000 € − 511.500 €) kann nach § 10d Abs. 2 EStG auf die folgenden Veranlagungszeiträume (VZ 2010 ff.) vorgetragen werden.

Fall 2:

	EUR	EUR
Verlustvortrag zum 31.12.2009	88.500	
Gesamtbetrag der Einkünfte 2010		300.000
− unbeschränkter Verlustabzug (**Verlustvortrag**)	88.500	**− 88.500**
= verbleibender Gesamtbetrag der Einkünfte 2010		211.500
verbleibender Verlustvortrag	0	

Eibel kann seinen Verlust von 88.500 € im VZ 2010 unbeschränkt vortragen. Die Begrenzung von 1. Mio. Euro (+ 60 % des 1 Mio. Euro übersteigenden Betrags) ist nicht überschritten (§ 10d Abs. 2 EStG).

14.2 Sonderausgaben

Fall 1:

Kirchensteuer		
gezahlt	800 €	
gezahlt	1.950 €	
	2.750 €	
– erstattet [H 10.1 (Abzugshöhe/...)]	– 370 €	2.380 EUR
= abzugsfähige **Sonderausgaben** (§ 10 Abs. 1 Nr. 4)		**2.380 EUR**

Fall 2:

zu 1. Der Steuerpflichtige kann von den Unterhaltsaufwendungen **13.805 €** als Sonderausgaben abziehen. Der Höchstbetrag von 13.805 € (§ 10 Abs. 1 Nr.1) gilt auch dann, wenn Unterhaltsleistungen nur für einen Teil des Kalenderjahrs erbracht wurden.

zu 2. **Einkünfte der Frau i.S.d. § 22 Nr. 1a:**

Einnahmen 18.000 €, höchstens zu versteuern	13.805 EUR
– Werbungskosten-Pauschbetrag (§ 9a Nr. 3)	– 102 EUR
= **steuerpflichtige sonstige Einkünfte** i.S.d. § 22 Nr. 1a	**13.703 EUR**

Fall 3:

Daniel Kühn kann die Unterhaltsleistungen an seine geschiedene Frau **nicht** als Sonderausgaben abziehen, weil seine Frau **nicht unbeschränkt** einkommensteuerpflichtig ist und ihren **Wohnsitz nicht** in einem **EU/EWR-Staat** hat (§ 1a Abs. 1 Nr. 1 EStG).

Fall 4:

Der **Sonderausgabenabzug** nach § 10 Abs. 1 Nr. 7 kommt **nicht** in Betracht.

Die Aufwendungen sind als **Werbungskosten** (§ 9 Abs. 1) in voller Höhe **abzugsfähig**, weil ein objektiver Zusammenhang mit dem **Beruf** besteht und die Aufwendungen subjektiv zur Förderung des Berufs getätigt werden.

Fall 5:

Der **Sonderausgabenabzug** nach § 10 Abs. 1 Nr.7 kommt **nicht** in Betracht.

Der **Ehemann** kann als freiberuflich tätiger Arzt seine **Fortbildungsaufwendungen** in voller Höhe als **Betriebsausgaben** (§ 4 Abs. 4) abziehen.

Die **Ehefrau** kann als Angestellte ihre **Fortbildungsaufwendungen** in voller Höhe als **Werbungskosten** (§ 9 Abs. 1) geltend machen.

Fall 6:

Die Eheleute können weder nach § 9c Abs. 2 Satz 4 EStG (altersmäßige Voraussetzung des Kindes liegt nicht vor) noch nach § 9c Abs. 2 Satz 1 EStG (Ehefrau ist weder in der Ausbildung noch behindert oder krank) die Kinderbetreuungskosten als Sonderausgaben abziehen.
Ebenso können die Kinderbetreuungskosten nicht wie Werbungskosten nach § 9c Abs. 1 i.V.m § 9 Abs. 5 EStG geltend gemacht werden, weil beide Elternteile nicht erwerbstätig sind.

Fall 7:

Von den Kinderbetreuungskosten sind **2.000 €** (3.000 x 2/3) als Sonderausgaben abziehbar (§ 9c Abs. 2 Satz 4 EStG).
Das Kind vollendet am 31.5.2009 das 6. Lebensjahr (600 € x 5 Monate = 3.000 €).

Fall 8:

Nein, weil mit der Zahlung eine **Gegenleistung** (Gewinnchance) verbunden ist.

Fall 9:

Ja, weil die Zuwendung (Sachzuwendung) zur Förderung des **Sports** nach § 52 Abs. 2 **Nr. 21** AO steuerlich abzugsfähig ist.
Die **Mitgliedsbeiträge** können **nicht** abgezogen werden (§ 10b Abs. 1 **Satz 3** EStG).

Fall 10:

Ja, weil alle Voraussetzungen des § 10b Abs. 1 EStG i.V.m. § 52 Abs. 2 **Nr. 7** AO vorliegen.

Fall 11:

Ja, weil alle Voraussetzungen des § 10b Abs. 1 EStG i.V.m. § 52 Abs. 2 **Nr. 1** AO vorliegen.

Fall 12:

Nach § 10b Abs. 1 Satz 1 EStG i.V.m. § 52 Abs. 2 **Nr. 5** AO und § 54 AO werden die abzugsfähigen Zuwendungen wie folgt berechnet:

            Zuwendungen 3.500 € (2.000 € + 1.500 €)
            maximal abzugsfähig:
            20 % von 20.000 € = 4.000 €,
            höchstens tatsächliche Zuwendungen   **3.500 €**

Fall 13:

	§ 34g	§ 10b Abs. 2
A	500 EUR	0 EUR
B	800 EUR	0 EUR
C	825 EUR	550 EUR
D	825 EUR	1.650 EUR
AA	1.000 EUR	0 EUR
BB	1.250 EUR	0 EUR
CC	1.650 EUR	0 EUR
DD	1.650 EUR	3.300 EUR

Fall 14:

1. Die Steuer-/Tarifermäßigung nach § 34g beträgt 50 % von 1.500 € = **750 €**.

2. Die nach § 10b abzugsfähigen Zuwendungen betragen **0 €**, weil die Zuwendungen, für die eine Ermäßigung nach § 34g gewährt wird, nicht als Sonderausgaben abgezogen werden können (§ 10b Abs. 2 Satz 2 EStG).

Fall 15:

1. Die Steuerermäßigung nach § 34g beträgt 50 % von höchstens 1.650 € = **825 €**.

2. Nur Berechnungsmethode 1 möglich:

Zuwendungen i.S.d. § 10b **Abs. 1** EStG **3.150 €** (1.750 € + 1.400 €)
maximal abzugsfähig:
20 % von 30.000 € = 6.000 €
höchstens tatsächliche Zuwendungen   3.150 EUR

Zuwendungen i.S.d. § 10b **Abs. 2** EStG
Zuwendung an eine **politische Partei**   2.500 €
abzüglich Zuwendung für Steuerermäßigung
nach § 34g EStG, höchstens   − 1.650 €

abzugsfähige tatsächliche Zuwendungen   850 €   850 EUR

abzugsfähige Zuwendungen nach § 10b Abs. 1 + 2 EStG   **4.000 EUR**

Fall 16:

1. Die Steuerermäßigung nach § 34g beträgt 50 % von höchstens 1.650 € = **825 €.**

2. Berechnungsmethode 1:

Nach § 10b **Abs. 1** Satz 1 EStG i.V.m. § 52 Abs. 2 **Nr. 1, 2, 5 und 22** AO werden die abzugsfähigen Zuwendungen wie folgt berechnet:

Zuwendungen i.S.d. § 10b **Abs. 1** Satz 1 EStG	**3.250 €**	
(400 € + 250 € +1.500 € + 1.100 €)		
maximal abzugsfähig:		
20 % von 40.000 € = 8.000 €,		
höchstens tatsächliche Zuwendungen		3.250 EUR
Nach § 10b **Abs. 2** EStG werden abzugsfähige Zuwendungen		
wie folgt berechnet:		
Zuwendung an eine **politische Partei**	2.000 €	
abzüglich Zuwendung für Steuerermäßigung		
nach § 34g EStG, höchstens	− 1.650 €	
abzugsfähige Zuwendungen	350 €	350 EUR
abzugsfähige Zuwendungen nach § 10b Abs. 1 + 2 EStG		**3.600 EUR**

Fall 17:

1. Die Steuerermäßigung nach § 34g beträgt 50 % von höchstens 1.600 € = **800 €.**
2. Berechnungsmethode 1:

Nach § 10b **Abs. 1** Satz 1 EStG i.V.m. § 52 Abs. 2 **Nr. 4 und 14** AO werden die abzugsfähigen Zuwendungen wie folgt berechnet:

Zuwendungen i.S.d. § 10b **Abs. 1** Satz 1 EStG	**3.400 €**	
(2.500 € + 900 €)		
maximal abzugsfähig:		
20 % von 50.000 € = 10.000 €,		
höchstens tatsächliche Zuwendungen		3.400 EUR
Nach § 10b **Abs. 2** EStG werden abzugsfähige Zuwendungen		
wie folgt berechnet:		
Zuwendung an eine **politische Partei**	1.600 €	
abzüglich Zuwendung für Steuerermäßigung		
nach § 34g EStG	− 1.600 €	
abzugsfähige Zuwendungen	0 €	0 EUR
abzugsfähige Zuwendungen nach § 10b Abs. 1 + 2 EStG		**3.400 EUR**

Berechnungsmethode 2:

4 v.T. von 1.000.000 € = 4.000 €,	
höchstens tatsächliche Zuwendungen	**3.400 EUR**

Nach der Berechnungsmethode 2 können ebenfalls 3.400 € abgezogen werden.

Fall 18:

1. Die Steuerermäßigung nach § 34g beträgt 50 % von höchstens 3.300 € = **1.650 €**.

2. Nur Berechnungsmethode 1 möglich:

Nach § 10b **Abs. 1** Satz 1 EStG i.V.m. § 52 Abs. 2 **Nr. 1** AO werden die abzugsfähigen Zuwendungen wie folgt berechnet:

Zuwendungen i.S.d. § 10b **Abs. 1** Satz 1 EStG **1.250 €**	
maximal abzugsfähig:	
20 % von 50.000 € = 10.000 €,	
höchstens tatsächliche Zuwendungen	1.250 EUR

Nach § 10b **Abs. 2** EStG werden abzugsfähige Zuwendungen
wie folgt berechnet:

Zuwendung an eine **politische Partei**	3.500 €	
abzüglich Zuwendung für Steuerermäßigung		
nach § 34g EStG, höchstens	– 3.300 €	
abzugsfähige Zuwendungen	200 €	200 EUR
abzugsfähige Zuwendungen nach § 10b Abs. 1 + 2 EStG		**1.450 EUR**

Fall 19:

Zeile	Altersvorsorgeaufwendungen i.S.d. § 10 Abs. 1 Nr. 2	EUR	EUR
1	Arbeitnehmeranteil zur allgemeinen RV	3.000	
2	steuerfreier Arbeitgeberanteil zur allgemeinen RV	3.000	
3	Beiträge zu landwirtschaftlichen Alterskassen	0	
4	Beiträge zu berufsständischen Versorgungseinrichtungen	0	
5	Beiträge zur kapitalgedeckten Altersversorgung	2.000	
6	zu berücksichtigende Altersvorsorgeaufwendungen	8.000	
7	Höchstbetrag	20.000	
8	der niedrigere Betrag der Zeile 6 oder der Zeile 7 ist anzusetzen	8.000	
9	in 2009 sind **68 %** des niedrigeren Betrages anzusetzen (68 % von 8.000 €)		5.440
10	abzüglich steuerfreier Arbeitgeberanteil nach § 3 Nr. 62		– 3.000
11	**abzugsfähige Sonderausgaben nach § 10 Abs. 3 EStG**		**2.440**

Fall 20:

Zeile	Altersvorsorgeaufwendungen i.S.d. § 10 Abs. 1 Nr. 2	EUR	EUR
1	Arbeitnehmeranteil zur allgemeinen RV	6.084	
2	steuerfreier Arbeitgeberanteil zur allgemeinen RV	6.084	
3	Beiträge zu landwirtschaftlichen Alterskassen	0	
4	Beiträge zu berufsständischen Versorgungseinrichtungen	0	
5	Beiträge zur kapitalgedeckten Altersversorgung	4.200	
6	zu berücksichtigende Altersvorsorgeaufwendungen	16.368	
7	Höchstbetrag	40.000	
8	der niedrigere Betrag der Zeile 6 oder der Zeile 7 ist anzusetzen	16.368	
9	in 2009 sind **68 %** des niedrigeren Betrages anzusetzen (68 % von 16.368 €)		11.130
10	abzüglich steuerfreier Arbeitgeberanteil nach § 3 Nr. 62		− 6.084
11	**abzugsfähige Sonderausgaben nach § 10 Abs. 3 EStG**		**5.046**

Fall 21:

Zeile	Altersvorsorgeaufwendungen i.S.d. § 10 Abs. 1 Nr. 2	EUR	EUR
1	Arbeitnehmeranteil zur allgemeinen RV	0	
2	steuerfreier Arbeitgeberanteil zur allgemeinen RV	0	
3	Beiträge zu landwirtschaftlichen Alterskassen	0	
4	Beiträge zu berufsständischen Versorgungseinrichtungen	24.000	
5	Beiträge zur kapitalgedeckten Altersversorgung	12.000	
6	zu berücksichtigende Altersvorsorgeaufwendungen	36.000	
7	Höchstbetrag	40.000	
8	der niedrigere Betrag der Zeile 6 oder der Zeile 7 ist anzusetzen	36.000	
9	in 2009 sind **68 %** des niedrigeren Betrages anzusetzen (68 % von 36.000 €)		24.480
10	abzüglich steuerfreier Arbeitgeberanteil nach § 3 Nr. 62		− 0
11	**abzugsfähige Sonderausgaben nach § 10 Abs. 3 EStG**		**24.480**

Fall 22:

Zeile	Altersvorsorgeaufwendungen i.S.d. § 10 Abs. 1 Nr. 2	EUR	EUR
1	Beiträge zu privaten kapitalgedeckten Leibrentenversicherungen	2.000	
2	zu berücksichtigende Altersvorsorgeaufwendungen	2.000	
3	Höchstbetrag	20.000	
4	abzüglich fiktivem Gesamtrentenversicherungsbeitrag (19,9 % vom Bruttoarbeitslohn, höchstens Jahresbeitragsbemessungsgrenze (Ost) in der allgemeinen RV (19,9 % von 30.151 €)	− 6.000	
5	gekürzter Höchstbetrag	14.000	
6	der niedrigere Betrag der Zeile 2 oder der Zeile 5 ist anzusetzen	2.000	
7	in 2009 sind **68 %** des niedrigeren Betrages anzusetzen (68 % von 2.000 €)		1.360
8	**abzugsfähige Sonderausgaben nach § 10 Abs. 3 EStG**		**1.360**

Fall 23:

Zeile	Altersvorsorgeaufwendungen i.S.d. § 10 Abs. 1 Nr. 2	EUR	EUR
1	Beiträge zu privaten kapitalgedeckten Leibrentenversicherungen	6.000	
2	zu berücksichtigende Altersvorsorgeaufwendungen	6.000	
3	Höchstbetrag	40.000	
4	abzüglich fiktivem Gesamtrentenversicherungsbeitrag (19,9 % vom Bruttoarbeitslohn, höchstens Jahresbeitragsbemessungsgrenze (Ost) in der gesetzlichen RV (19,9 % von 54.600 €)	– 10.865	
5	gekürzter Höchstbetrag	29.135	
6	der niedrigere Betrag der Zeile 2 oder der Zeile 5 ist anzusetzen	6.000	
7	in 2009 sind **68 %** des niedrigeren Betrages anzusetzen (68 % von 6.000 €)		4.080
8	**abzugsfähige Sonderausgaben nach § 10 Abs. 3 EStG**		**4.080**

Fall 24:

Versicherungsbeiträge	Sonderausgaben
1. Beiträge zur gesetzlichen Krankenversicherung	Ja, § 10 Abs. 1 Nr. 3a EStG
2. Beiträge zur freiwilligen Krankenversicherung	Ja, § 10 Abs. 1 Nr. 3a EStG
3. Beiträge zur gesetzlichen Pflegeversicherung	Ja, § 10 Abs. 1 Nr. 3a EStG
4 Beiträge zur Hundehaftpflichtversicherung	Ja, § 10 Abs. 1 Nr. 3a EStG
5. Beiträge zur Kfz-Haftpflichtversicherung	Ja, § 10 Abs. 1 Nr. 3a EStG
6. Beiträge zur Krankenhaustagegeldversicherung	Ja, § 10 Abs. 1 Nr. 3a EStG
7. Beiträge zur Kfz-Kaskoversicherung	Nein, H 10.5 (Kaskovers.) EStH
8. Beiträge zur Rechtsschutzversicherung	Nein, H 10.5 (Rechtsschutzv.) EStH
9. Beiträge zur Krankentagegeldversicherung	Ja, H 10.5 (Krankentagegeldv.) EStH
10. Beiträge zur Hausratversicherung	Nein, H 10.5 (Hausratvers.) EStH
11. Beiträge gegen außerbetriebliche Unfälle	Ja, § 10 Abs. 1 Nr. 3a EStG

Fall 25:

In 2009 kann Fritz Barden folgende Versicherungsbeiträge als sonstige Vorsorgeaufwendungen (§ 10 Abs. 1 Nr. 3 EStG) berücksichtigen:

Beiträge zur Krankenversicherung	1.285 €
Beiträge zur Pflegeversicherung	182 €
Beiträge zur Arbeitslosenversicherung	536 €
Beiträge zur privaten Haftpflichtversicherung	45 €
Beiträge zur Kfz-Haftpflichtversicherung	450 €
Beiträge zur Kfz-Kaskoversicherung (nicht berücksichtigungsfähig)	0 €
Beiträge zur Kapitallebensversicherung (88 % von 1.200 €)	1.056 €
Beiträge zur Hausratversicherung (nicht berücksichtigungsfähig)	0 €
	3.554 €

Da der Steuerpflichtige die Aufwendungen für die Krankenversicherung und Krankheitskosten **nicht** vollständig aus eigenen (versteuerten) Einnahmen trägt, beträgt der abzugsfähige Höchstbetrag nach § 10 Abs. 4 **Satz 2** EStG lediglich **1.500 Euro.**

Fall 26:

In 2009 können die Eheleute Beckmann folgende Versicherungsbeiträge als sonstige
Vorsorgeaufwendungen (§ 10 Abs. 1 Nr. 3 EStG) berücksichtigen:

Beiträge zur Krankenversicherung	2.570 €
Beiträge zur Pflegeversicherung	364 €
Beiträge zur Arbeitslosenversicherung	1.072 €
Beiträge zur Kapitallebensversicherung (88 % von 2.400 €)	2.112 €
Beiträge zur Kfz-Haftpflichtversicherung	480 €
Beiträge zur Kfz-Kaskoversicherung	0 €
Beiträge zur Hausratversicherung	0 €
	6.598 €

Die Steuerpflichtigen können einen **gemeinsamen Höchstbetrag** von **3.900 Euro**
(EM: 2.400 € + EF: 1.500 €) als Sonderausgaben abziehen (§ 10 Abs. 4 S. 4 EStG).
Die Kfz-Kaskoversicherung und die Hausratversicherung sind als Sachversicherungen
nicht berücksichtigungsfähig (H 10.5 EStH).

Fall 27:

Sonderausgaben-Pauschbetrag **72 Euro** (§ 10c Abs. 1 i.V.m. § 10c Abs. 4 Satz 1 EStG)

Fall 28:

1. Teilbetrag nach § 10c Abs. 2 Nr. 1 EStG	
19,9 % von 32.000 € = 6.368 €, davon 50 % = 3.184 €, davon im VZ 2009 36 % =	1.146 EUR
2. Teilbetrag nach § 10c Abs. 2 Nr. 2 EStG	
11 % von 32.000 € = 3.520 €, höchstens	1.500 EUR
Vorsorgepauschale im VZ 2009 (§ 10c Abs. 2)	**2.646 EUR**

Fall 29:

11 % von 30.000 € = 3.300 €, höchstens	**1.500 EUR**

Fall 30:

1. Teilbetrag nach § 10c Abs. 2 Nr. 1 EStG	
A: 19,9 % von 30.151 € = 6.000 €, davon 50 % = 3.000 €, davon im VZ 2009 36 % =	1.080 EUR
B: 19,9 % von 19.598 € = 3.900 €, davon 50 % = 1.950 €, davon im VZ 2009 36 % =	702 EUR
2. Teilbetrag nach § 10c Abs. 2 Nr. 2 EStG	
A und B: 11 % von 49.749 € (30.151 € + 19.598 €) = 5.472,39 €, höchstens	3.000 EUR
Vorsorgepauschale im VZ 2009 (§ 10c Abs. 2 + 4 EStG)	**4.782 EUR**

Fall 31:

11 % von 56.400 € (30.000 € + 26.400 €) = 6.204 €, höchstens   **3.000 EUR**
(§ 10c Abs. 3 + 4 EStG)

Fall 32:

Zeile	Altersvorsorgeaufwendungen i.S.d. § 10 Abs. 1 Nr. 2	EUR	EUR
1	Beiträge zu berufsständischen Versorgungseinrichtung	15.000	
1	Beiträge zu privaten kapitalgedeckten Leibrentenversicherung	16.000	
2	zu berücksichtigende Altersvorsorgeaufwendungen	31.000	
3	Höchstbetrag	40.000	
4	abzüglich fiktivem Gesamtrentenversicherungsbeitrag (19,9 % von 40.201 €)	– 8.000	
5	gekürzter Höchstbetrag	32.000	
6	der niedrigere Betrag der Zeile 2 oder der Zeile 5 ist anzusetzen	31.000	
7	in 2009 sind **68 %** des niedrigeren Betrages anzusetzen (68 % von 31.000 €)		21.080
8	**abzugsfähige Sonderausgaben** im VZ 2009		**21.080**

Fall 33:

	EUR
Sonderausgaben 1 (SA 1)	
Sonderausgaben-Pauschbetrag (§ 10c Abs. 1 EStG)	36
Sonderausgaben 1 (SA 2)	
Altersvorsorgeaufwendungen i.S.d. § 10 Abs. 1 **Nr. 2** EStG	
68 % von 3.600 € (Rürup-Beiträge)	2.448

sonstige Vorsorgeaufwendungen i.S.d. § 10 Abs. 1 **Nr. 3** EStG

Kranken- und Pflegeversicherungsbeiträge	1.800 €	
Haftpflichtversicherungsbeiträge	900 €	
insgesamt	2.700 €	
abzugsfähiger Höchstbetrag (§ 10 Abs. 4 Satz 1 EStG)		2.400
abzugsfähige Sonderausgaben insgesamt		**4.884**

Zusammenfassende Erfolgskontrolle

1. Persönliche Steuerpflicht und Veranlagungsart

Heinrich und Helga Kurz sind **unbeschränkt einkommensteuerpflichtig**, weil sie im **Inland** einen **Wohnsitz** haben (§ 1 **Abs. 1**).

Sie werden **zusammen veranlagt**, weil die Ehegatten unbeschränkt steuerpflichtig sind, nicht dauernd getrennt leben und beide die Zusammenveranlagung beantragt haben (§§ 26, 26b).

2. Ermittlung des Gesamtbetrags der Einkünfte

		EM EUR	EF EUR	Gesamt EUR
Einkünfte aus Gewerbebetrieb (§ 15)				
Ehemann:				
a) vorläufiger Gewinn	67.451 €			
b) + Zuwendungen	900 €			
c) + Geschenk (nicht abz. BA)	238 €			
endgültiger Gewinn	68.589 €	68.589		
Ehefrau:				
Gewinnanteil KG			6.310	74.899
Einkünfte aus nichtselbständiger Arbeit (§ 19)				
Bruttoarbeitslohn	15.310 €			
– Werbungskosten				
Fahrtkosten	1.350 € *)			
Kontoführungsgebühr	16 €			
Fachliteratur	220 €		13.724	13.724
Einkünfte aus Kapitalvermögen (§ 20)				
Brutto-Dividende				
(1.472,50 € : 73,625 x 100)	2.000,00 €			
– Sparer-Pauschbetrag	– 1.602,00 €			
= steuerpflichtige Einnahme	398,00 €			
– KapESt (25 % von 398 €)	– 99,50 €			
– SolZ (5,5 % von 99,50 €)	– 5,47 €			
	293,03 €			
Mit dem Abzug der KapESt und des SolZ sind die Kapitalerträge steuerlich abgegolten.		0		0
Übertrag:		68.589	20.034	88.623

*) Fahrtkosten: 180 Tage x 25 km x 0,30 € = 1.350 €

	EM EUR	EF EUR	Gesamt EUR
Übertrag:	68.589	20.034	88.623

Einkünfte aus V + V (§ 21)

   E: 3 x 11 x 400 €   =   13.200 €

Die von Kurz bewohnte Wohnung
unterliegt nicht der Einkommensteuer.

– Werbungskosten

AfA: 2 % v. 205.500 € [(75 % v. 274.000 €) =
4.110 €, davon 11/12]   3.768 €
Reparaturen, GrSt   3.000 €
Disagio   5.000 €
Zinsen + Notariatskosten   10.000 €
               21.768 €

davon entfallen **3/4** auf
die vermieteten Wohnungen   16.326 €

	EM EUR	EF EUR	Gesamt EUR
= **Verlust** **3.126 €**	– 3.126		– 3.126
= **Summe der Einkünfte**	65.463	20.034	85.497

– **Altersentlastungsbetrag** (§ 24a)

   EM: 33,6 % von 65.463 € = 21.996 €, höchstens   1.596

= **Gesamtbetrag der Einkünfte**   **83.901**

3. Ermittlung der abzugsfähigen Sonderausgaben

– **Sonderausgaben**

Sonderausgaben 1 (**SA1**)

Zuwendungen zur Förderung der Religion (§ 10b Abs. 1 Satz 1
EStG i.V.m. § 52 Abs. 2 **Nr. 2** AO)

20 % von 83.901 € = 16.780 €, höchstens Aufwendungen   900

Übertrag: Sonderausgaben   900

	Gesamt EUR

Übertrag: Sonderausgaben | 900

Sonderausgaben 2 (**SA 2**)

Altersvorsorgeaufwendungen i.S.d. § 10 Abs. 1 **Nr. 2** EStG

Zeile		EUR	EUR
1	Arbeitnehmeranteil zur gesetzlichen RV	1.523	
2	steuerfreier Arbeitgeberanteil zur gesetzlichen RV	1.523	
3	Beiträge zu landwirtschaftlichen Alterskassen	0	
4	Beiträge zu berufsständischen Versorgungseinrichtungen	0	
5	Beiträge zur kapitalgedeckten Altersversorgung	3.000	
6	zu berücksichtigende Altersvorsorgeaufwendungen	6.046	
7	Höchstbetrag (20.000 €/40.000 €)	40.000	
8	der niedrigere Betrag der Zeile 6 oder der Zeile 7 ist anzusetzen	6.046	
9	in 2009 sind **68 %** des niedrigeren Betrages anzusetzen (68 % von 6.046 €)		4.111
10	abzüglich steuerfreier Arbeitgeberanteil nach § 3 Nr. 62		– 1.523
11	**abzugsfähige Sonderausgaben nach § 10 Abs. 3 EStG**		**2.588**

Spalte Gesamt EUR: 2.588

sonstige Vorsorgeaufwendungen i.S.d. § 10 Abs. 1 **Nr. 3** EStG

	EUR
Kranken- und Pflegeversicherungsbeiträge (EM)	3.216
Sozialversicherung (3.158 € – 1.523 €)	1.635
Kfz-Haftpflicht- und Kfz-Unfallversicherung	250
Kfz-Kaskoversicherung (nicht berücksichtigungsfähig)	0
	5.101

Da lediglich Heinrich KurzAufwendungen für seine Krankenversicherung und Krankheitskosten vollständig aus eigenen
Einnahmen trägt, kann der abzugsfähige Höchstbetrag nach
§ 10 Abs. 4 **Satz 1** EStG nur für ihn angesetzt werden | 2.400 €

Für Helga Kurz beträgt der Höchstbetrag nach
§ 10 Abs. 4 **Satz 2** EStG | 1.500 €

Spalte Gesamt EUR: 3.900

Die **abzugsfähigen Sonderausgaben** betragen insgesamt | **7.388**

14.3 Außergewöhnliche Belastungen

Fall 1:

außergewöhnliche Belastung	3.000 EUR
– zumutbare Belastung (6 % von 40.000 €/§ 33 Abs. 3)	– 2.400 EUR
= abziehbare außergewöhnliche Belastung (§ 33 Abs. 1)	**600 EUR**

Fall 2:

außergewöhnliche Belastung	4.000,00 EUR
– zumutbare Belastung (§ 33 Abs. 3) 5 % von 14.404 € [16.000 € – 1.596 € AEB (§ 24a)]	– 720,20 EUR
= abziehbare außergewöhnliche Belastung (§ 33 Abs. 1)	**3.279,80 EUR**

Fall 3:

außergewöhnliche Belastung	3.000 EUR
– zumutbare Belastung (3 % von 40.000 €/§ 33 Abs. 3)	– 1.200 EUR
= abziehbare außergewöhnliche Belastung (§ 33 Abs. 1)	**1.800 EUR**

Fall 4:

	EUR	EUR	EUR
Ungekürzter **Höchstbetrag** (§ 33a Abs. 1 S. 1)			**7.680**
a) Ermittlung der Einkünfte des Großvaters			
Einkünfte aus nichtselbständiger Arbeit (§ 19 Abs. 2)			
Versorgungsbezüge (Jahresbetrag)	1.920		
– Versorgungsfreibetrag (36,8 % v. 1.920 €)	– 707		
– Zuschlag zum Versorgungsfreibetrag	– 828		
– Arbeitnehmer-Pauschbetrag (§ 9a Nr. 1b)	– 102	283	
Sonstige Einkünfte im Sinne des § 22 Nr. 1			
Rente 2.400 €			
davon Besteuerungsanteil (54 % von 2.400 €)	1.296		
– WKP (§ 9a Nr. 3)	– 102	1.194	
= Einkünfte des Großvaters		1.477	
b) Ermittlung der Bezüge des Großvaters			
Rentenfreibetrag (2.400 € – 1.296 €) = (46 %)	1.104		
+ Zuschuss zur KV	173		
+ Wohngeld	764		
+ Versorgungsfreibetrag	707		
+ Zuschlag zum Versorgungsfreibetrag	828		
	3.576		
– Kostenpauschale (R 32.10 **Abs. 4** EStR 2008)	– 180		
= Bezüge des Großvaters		3.396	
Summe der Einkünfte und Bezüge des Großvaters		4.873	
c) Ermittlung der abziehbaren agB			
Die Einkünfte und Bezüge des Großvaters von		4.873	
übersteigen den Karenzbetrag von		– 624	
um (= anrechenbare Einkünfte und Bezüge)		4.249	
Die anrechenbaren Einkünfte und Bezüge sind vom Höchstbetrag abzuziehen			– 4.249
= gekürzter Höchstbetrag (§ 33a Abs. 1 S. 4)			3.431
Die tatsächlichen Aufwendungen von 6.000 € liegen über dem gekürzten Höchstbetrag von 3.431 €, sodass als agB der Betrag von abgezogen werden kann.			**3.431**
Hinweis: Alle Zahlen werden in vollen Euro-Beträgen angegeben.			

Fall 5:

	EUR	EUR	EUR
Ungekürzter **Höchstbetrag** für das Kalenderjahr			7.680
anteiliger Höchstbetrag (8/12 von 7.680 Euro)			5.120
(§ 33a Abs. 3 Satz 1 EStG)			
a) eigene Einkünfte der Mutter			
sonstige Einkünfte i.S. des § 22 Nr. 1			
Bruttorente (12 x 175 €) 2.100 €			
Einnahme: Besteuerungsanteil (58 % von 2.100 €)	1.218		
– WKP nach § 9a Nr. 3 EStG	– 102		
	1.116		
davon entfallen auf den Unterhaltszeitraum:			
8/12 von 1.116 € = 744 €		744	
[R 33a.4 Abs. 2 Nr. 1/H 33a.4 (Allgemeines) EStH]			
b) eigene Bezüge der Mutter			
Rentenfreibetrag (2.100 € – 1.218 €) (42 %)	882		
– Kostenpauschale (R 32.10 **Abs. 4** EStR 2008)	– 180		
verbleibende Bezüge	702		
davon entfallen auf den Unterhaltszeitraum:			
8/12 von 702 € = 468 €		468	
[R 33a.4 Abs. 2 Nr. 1 EStR/H 33a.4 (Allgemeines) EStH]			
Summe der eigenen Einkünfte und Bezüge		1.212	
c) Ermittlung der abziehbaren agB			
Die eigenen Einkünfte und Bezüge der Mutter im Unterhaltszeitraum von		1.212	
übersteigen den anrechnungsfreien Betrag (Karenzbetrag) von (8/12 von 624 €)		416	
um (= anzurechnende Einkünfte und Bezüge)		796	
Die anzurechnenden Einkünfte und Bezüge sind von dem anteiligen Höchstbetrag abzuziehen.			– 796
= gekürzter Höchstbetrag			4.324
Die tatsächlichen Aufwendungen von 4.400 € (8 x 550 €) liegen über dem gekürzten Höchstbetrag von 4.324 €, sodass als agB der Betrag von abgezogen werden kann (§ 33a Abs. 1 S. 1 bis 4 und Abs. 3 EStG).			**4.324**

Fall 6:

	EUR	EUR	EUR
Ungekürzter **Höchstbetrag**			7.680
a) Ermittlung der Einkünfte des Vaters			
Einkünfte aus nichtselbständiger Arbeit (§ 19 Abs. 2)			
Versorgungsbezüge (Jahresbetrag)	2.520		
– Versorgungsfreibetrag (40 % von 2.520 €)	– 1.008		
– Zuschlag zum Versorgungsfreibetrag	– 900		
– WKP (§ 9a Satz 1 Nr. 1a)	– 102	510	
Sonstige Einkünfte im Sinne des § 22 Nr. 1			
Brutto-Rente 1.440 €			
davon Besteuerungsanteil 50 % von 1.440 €	720		
– WKP (§ 9a Satz 1 Nr. 3)	– 102	618	
Einkünfte des Vaters		1.128	
b) Ermittlung der Bezüge des Vaters			
Rentenfreibetrag (1.440 € – 720 €)	720		
+ Wohngeld	600		
+ Versorgungsfreibetrag + Zuschlag (§ 19 Abs. 2)	1.908		
	3.228		
– Kostenpauschale (R 32.10 **Abs. 4** EStR 2008)	– 180		
Bezüge des Vaters		3.048	
Summe der Einkünfte und Bezüge des Vaters		4.176	
c) Ermittlung der abziehbaren agB			
Die Einkünfte und Bezüge des Vaters von		4.176	
übersteigen den Karenzbetrag von		624	
um (= anrechenbare Einkünfte und Bezüge)		3.552	
Die anrechenbaren Einkünfte und Bezüge sind vom Höchstbetrag abzuziehen			– 3.552
gekürzter Höchstbetrag (§ 33a Abs. 1 Satz 4)			4.128

Die tatsächlichen Aufwendungen von 5.400 € liegen über dem gekürzten Höchstbetrag von 4.128 €, sodass als agB abgezogen werden können:

Uwe Neis 1/3 von 4.128 € (§ 33a Abs. 1 S. 6) =	**1.376 €**
Kurt Neis 2/3 von 4.128 € (§ 33a Abs. 1 S. 6) =	**2.752 €**

Fall 7:

Der Steuerpflichtige kann für den VZ 2009 **keinen** Freibetrag (Ausbildungsfreibetrag) nach § 33a Abs. 2 EStG vom Gesamtbetrag der Einkünfte abziehen, weil die Voraussetzungen des § 33a Abs. 2 EStG **nicht** erfüllt sind. Die Tochter hat noch **nicht** das **18. Lebensjahr** vollendet und ist **nicht auswärtig** untergebracht.

Fall 8:

Der Steuerpflichtige kann für den VZ 2009 **einen** Freibetrag (Ausbildungsfreibetrag) nach § 33a Abs. 2 EStG in Höhe von **924 €** vom Gesamtbetrag der Einkünfte abziehen, weil alle Voraussetzungen des § 33a Abs. 2 Satz 1 EStG erfüllt sind.

Fall 9:

	EUR	EUR	EUR
Freibetrag (Ausbildungsfreibetrag) nach § 33a **Abs. 2** EStG für das Kalenderjahr			924
a) Ermittlung der Einkünfte des Kindes			
Arbeitslohn (§ 19 Abs. 1)	4.020		
– Arbeitnehmeranteil zur Sozialversicherung (R 32.10 Abs. 1 Satz 2 EStR 2008)	– 800		
– Arbeitnehmer-Pauschbetrag (§ 9a Nr. 1a)	– 920		
= Einkünfte aus nichtselbständiger Arbeit		2.300	
abzüglich **anrechnungsfreier Betrag** (§ 33a Abs. 2 Satz 2 EStG)		– 1.848	
= anzurechnende Einkünfte		452	
b) Ermittlung der Bezüge des Kindes			
Ausbildungszuschuss	500		
– Kostenpauschale (R 32.10 **Abs. 4** EStR 2008)	– 180		
= anzurechnende Bezüge		320	
Summe der anzurechnenden Einkünfte und Bezüge		772	
c) Ermittlung der abziehbaren agB			
Die **anzurechnenden Einkünfte und Bezüge** sind vom Freibetrag nach § 33a Abs. 2 abzuziehen			– 772
= **abziehbarer Freibetrag** (Ausbildungsfreibetrag) nach § 33a **Abs. 2**			**152**

Fall 10:

Der abziehbare Ausbildungsfreibetrag nach § 33a Abs. 2 für den VZ 2009 wird wie folgt berechnet:

$$7/12 \ \text{von} \ 924 \ \text{Euro} \ = \quad \textbf{539 €}$$

Da Martina erst mit Ablauf des 15.06.2009 das 18. Lebensjahr vollendet hat, ist der Freibetrag von 924 Euro um 5/12 zu kürzen (§ 33a Abs. 3 EStG).

Fall 11:

	EUR	EUR	EUR
Freibetrag (Ausbildungsfreibetrag) nach § 33a **Abs. 2** für das Kalenderjahr			924
anteiliger Freibetrag für Januar bis Oktober (10/12 von 924 Euro)			770
a) Ermittlung der Einkünfte des Kindes			
Arbeitslohn in den Ausbildungsmonaten	1.450		
– ANP nach § 9a Nr. 1a (10/12 von 920 €)	– 767		
= Einkünfte aus nichtselbständiger Arbeit in den Ausbildungsmonaten		683	
abzüglich **anrechnungsfreier Betrag** 10 /12 von 1.848 Euro =		–1.540	
= anzurechnende Einkünfte		0	
b) Ermittlung der Bezüge des Kindes			
Ausbildungszuschuss des Kindes für Januar bis Oktober	500		
– Kostenpauschale	– 180 *)		
= anzurechnende Bezüge		320	
Summe der anzurechnenden Einkünfte und Bezüge		320	
c) Ermittlung der abziehbaren agB			
Die **anzurechnenden Einkünfte und Bezüge** sind vom anteiligen Freibetrag nach § 33a Abs. 2 abzuziehen			– 320
= **abziehbarer Freibetrag** (Ausbildungsfreibetrag)nach § 33a **Abs. 2**			**450**

Hinweis: Alle Zahlen werden in vollen Euro-Beträgen angegeben.

_____

*) Vgl. H 33a.4 (Allgemeines, Beispiel C) EStH

Fall 12:

Julia

Für Julia erhält Herr Dautzenberg **einen** Freibetrag (Ausbildungsfreibetrag) nach § 33a **Abs. 2** EStG in Höhe von **924 Euro** (Sonderbedarf).

Außerdem wird für Julia ein Kinderfreibetrag von **1.932 Euro** und ein Freibetrag (Betreuungsfreibetrag) von **1.080 Euro** für den Betreuungs-, Erziehungs- oder Ausbildungsbedarf des Kindes nach § 32 Abs. 6 EStG gewährt.

Hinweis: Herr Dautzenberg kann für die schulische Ausbildung seiner Tochter Julia den Sonderausgabenabzug gem. § 10 Abs. 1 Nr. 9 in Anspruch nehmen (30 % v. 600 € = 180 € x 12 Monate = 2.160 €).

Martin

Herr Dautzenberg erhält **keinen** Freibetrag(Ausbildungsfreibetrag) nach § 33a **Abs. 2**, da **Martin** nach § 32 Abs. 4 Satz 2 EStG **kein zu berücksichtigendes Kind** ist [Martins Einkünfte aus § 19 übersteigen 7.680 Euro (8.750 € – 920 Euro ANP = 7.830 €)].

Allerdings sind nun die Voraussetzungen des § 33a **Abs. 1** EStG erfüllt, weil der Steuerpflichtige für Martin weder Kindergeld bekommt noch einen Anspruch auf einen Freibetrag nach § 32 Abs. 6 EStG geltend machen kann (§ 33a Abs. 1 Satz 3 EStG).

Dautzenberg kann folgenden Betrag nach § 33a Abs. 1 EStG als außergewöhnliche Belastung absetzen:

	EUR	EUR	EUR
ungekürzter Höchstbetrag (§ 33a Abs. 1 S. 1)			7.680
Ermittlung der Einkünfte des Sohnes			
Arbeitslohn (§ 8 Abs. 1)	8.750		
– Arbeitnehmer-Pauschbetrag (§ 9a Nr. 1a)	– 920		
= Einkünfte (§ 19 Abs. 1)		7.830	
übersteigen anrechnungsfreien Betrag von		624	
= um (anzurechnende Einkünfte)		7.206	
die anzurechnenden Einkünfte sind vom Höchstbetrag abzuziehen (§ 33a Abs. 1 Satz 1 EStG)			– 7.206
= **abziehbare außergewöhnliche Belastung** (§ 33a Abs. 1 EStG)			**474**

Fall 13:

Der abziehbare Freibetrag (Ausbildungsfreibetrag) nach § 33a **Abs. 2** beträgt **924 Euro**.
Hongkong gehört zur Ländergruppe I (BMF-Schreiben v. 09.02.2005, BStBl I 2005 S. 369).

Fall 14:

Die **Behinderten-Pauschbeträge** betragen nach § 33b Abs. 3 EStG:

für den Ehemann	570 EUR
für die Ehefrau	430 EUR
	1.000 EUR

Fall 15:

agB nach **§ 33 EStG:**

außergewöhnliche Belastung	2.000 EUR
– zumutbare Belastung (6 % von 25.000 €)	– 1.500 EUR
= abziehbare agB nach § 33	**500 EUR**

agB nach **§ 33b Abs. 6 EStG:**

Der Steuerpflichtige kann ohne Nachweis der Kosten den **Pflege-Pauschbetrag** von geltend machen.	**924 EUR**

Da der **Pflege-Pauschbetrag** höher ist als die abziehbare agB nach **§ 33 EStG**,
wird er den **Pflege-Pauschbetrag** von **924 Euro** vom Gesamtbetrag der Einkünfte
abziehen (§ 33b Abs. 6 Satz 1).

Fall 16:

	WK	SA	agB	KdL
1. Beiträge zur privaten Hausratversicherung				x
2. Unterstützung der vermögenslosen Mutter von Karl Fischer			x	
3. Beiträge zur privaten Rechtschutzversicherung				x
4. Aufwendungen für typische Berufskleidung	x			
5. Fachliteratur für einen ausgeübten Beruf	x			
6. Aufwendungen für das Erststudium		x		
7. Beiträge zur Hundehaftpflichtversicherung		x		
8. Beiträge zur Haftpflichtversicherung für das eigengenutzte Einfamilienhaus		x		
9. Beerdigungskosten für die vermögenslose Mutter von Karl Fischer			x	
10. Beiträge zur privaten Kfz-Vollkaskoversicherung				x
11. Steuerberatungskosten für die Erbschaftsteuererklärung der Eheleute Fischer				x

Fall 17:

	EUR

agB nach § 33 EStG

außergewöhnliche Belastung		2.500 €
– zumutbare Belastung		
Bemessungsgrundlage:		
Summe der Einkünfte	43.147 €	
– AEB (EM ab 2005)	– 1.900 €	
– AEB (EF ab 2006)		
38,4 % von 2.633 €	– 1.011 €	
Gesamtbetrag der Einkünfte	40.236 €	
3 % von 40.236 €		– 1.207 €
= abziehbare außergewöhnliche Belastung		1.293

agB nach § 33a EStG

Unterhaltsaufwendungen (§ 33a **Abs. 1**)

a) Ermittlung der Einkünfte der Mutter

Rente	2.400 €		
davon Besteuerungsanteil 50 %		1.200 €	
– Werbungskosten-Pauschbetrag		– 102 €	
= Einkünfte		1.098 €	
Übertrag:		1.098 €	1.293

			EUR
Übertrag:			1.293

b) Ermittlung der Bezüge der Mutter

Einnahmen: Rentenanteil, der über
den nicht um die WK gekürzten
Besteuerungsanteil hinausgeht

2.400 € – 1.200 €	1.200 €	
+ Zuschuss zur KV (14 € x 12)	168 €	
	1.368 €	
– Kostenpauschale	– 180 €	
= Bezüge		1.188 €
Einkünfte und Bezüge (a + b)		2.286 €

c) Ermittlung der agB

Die Einkünfte und Bezüge der Mutter	2.286 €	
übersteigen den Karenzbetrag von	624 €	
um	1.662 €	
Dieser Betrag ist vom ungekürzten Höchstbetrag von	7.680 €	
abzuziehen	– 1.662 €	
so dass abgezogen werden könnten	6.018 €	
höchstens jedoch die **tatsächlichen Aufwendungen**		2.400

Freibetrag (Ausbildungsfreibetrag) **nach § 33a Abs. 2**

Tochter Inge		924

Behinderten-Pauschbeträge (§ 33b)

für den Steuerpflichtigen (§ 33b Abs. 1 - 3)	310 €	
für den blinden Sohn Peter (§ 33b Abs. 1 - 3, 5)	3.700 €	
Pflege-Pauschbetrag (§ 33b Abs. 6)	924 €	4.934

= **abziehbare außergewöhnliche Belastungen**	**9.551**

Zusammenfassende Erfolgskontrolle

	EM EUR	EF EUR
Einkünfte aus Gewerbebetrieb (§ 15)		
Handelsbilanzgewinn der KG für 2008/2009 (§ 4a Abs. 2 Nr. 2) 107.750 € davon 40 % 43.100 € + Gehalt 30.000 € + Zinsen 3.000 €	76.100	
Einkünfte aus nichtselbständiger Arbeit (§ 19)		
Bruttoarbeitslohn 14.820 € − ANP (§ 9a Satz 1 Nr. 1a) − 920 €		13.900
Einkünfte aus Kapitalvermögen (§ 20)		
Brutto-Dividende (Zuflussprinzip gem. § 11) (368,13 € : 73,625 x 100) 500,00 € Bausparzinsen (brutto) 190,00 € = Einnahmen insgesamt 690,00 € − Sparer-Pauschbetrag (§ 20 Abs. 9) 801 Euro, höchstens − 690,00 € = steuerpflichtige Einnahmen 0,00 €		0
Einkünfte aus V + V (§ 21)		
Das selbst genutzte Einfamilienhaus wird steuerlich nicht berücksichtigt.		
Mietwohngrundstück		
Einnahmen 14.442 € − Werbungskosten − 18.189 € **Verlust** 3.747 € davon 1/3 1.249 €	− **1.249**	
Übertrag:	74.851	13.900

	EM EUR	EF EUR
Übertrag:	74.851	13.900
sonstige Einkünfte i.S. des § 22		

Brutto-Rente (800 € x 12)	9.600 €
− Rentenfreibetrag (48 % von 9.600 €)	− 4.608 €
= stpfl. Teil der Rente (52 %)	4.992 €
− WKP	− 102 €

(EF: 4.890)

	EM	EF
= **Summe der Einkünfte**	79.741	13.900
		79.741
		93.641
− Altersentlastungsbetrag EM (§ 24a)		
(33,6 % von 74.851 € = 25.150 €, höchstens)		1.596
= **Gesamtbetrag der Einkünfte**		92.045

− Sonderausgaben 1 (§ 10b Abs. 1 EStG n.F.)

Zuwendungen **857 €** (607 € + 250 €) 857 €
(Der Höchstbetrag von
20 % von 92.045 € = 18.409 €
wird nicht überschritten.)
Die Spende an eine **pol. Partei**
kann **nicht** als SA berücksichtigt
werden, weil für sie eine
Steuerermäßigung nach **§ 34g**
gewährt wird. 0 € 857

− Sonderausgaben 2

Zeile	Altersvorsorgeaufwendungen i.S.d. § 10 Abs. 1 Nr. 2	EUR
1	Arbeitnehmeranteil zur gesetzlichen RV	1.475
2	steuerfreier Arbeitgeberanteil zur gesetzlichen RV	1.475
3	Beiträge zu landwirtschaftlichen Alterskassen	0
4	Beiträge zu berufsständischen Versorgungseinrichtungen	0
5	Beiträge zur kapitalgedeckten Altersversorgung	2.400
6	zu berücksichtigende Altersvorsorgeaufwendungen	5.350
7	Höchstbetrag (20.000 €/40.000 €)	40.000
8	68 % der zu berücksichtigenden Altersvorsorgeaufwendungen (68 % von 5.350 €)	3.638
9	der niedrigere Betrag der Zeile 7 oder der Zeile 8 ist anzusetzen	3.638
10	abzüglich steuerfreier Arbeitgeberanteil nach § 3 Nr. 62	− 1.475
11	**abzugsfähige Sonderausgaben nach § 10 Abs. 3 EStG**	2.163

Übertrag:	89.025

	EUR
Übertrag:	89.025

sonstige Vorsorgeaufwendungen i.S.d. § 10 Abs. 1 Nr. 3

	EUR
AN-Anteil am "Rest-Gesamtsozialversicherungsbeitrag" (EF)	1.545
Kranken- und Pflegeversicherungsbeiträge (EM)	3.000
private Haftpflichtversicherungsbeiträge	60
Kfz-Haftpflichtversicherungsbeiträge	480
Kfz-Kaskoversicherungsbeiträge (als Sachversicherung nicht berücksichtigungsfähig)	0
	5.085

	EUR
höchstens gemeinsamer Höchstbetrag (1.500 € + 2.400 €)	3.900

außergewöhnliche Belastungen

nach § 33a **Abs. 1** EStG

Unterhaltsaufwendungen *)

a) Einkünfte des Vaters

Einkünfte aus nichtselbständiger Arbeit (§ 19)

Versorgungsbezüge (230 € x 12)	2.760 €
– Versorgungsfreibetrag (40 % v. 2.760)	– 1.104 €
– Zuschlag zum Versorgungsfreibetrag	– 900 €
– Arbeitnehmer-Pauschbetrag	– 102 €
	654 €

sonstige Einkünfte im Sinne des § 22

Rente (195 € x 12)	2.340 €	
Besteuerungsanteil: 50 % v. 2.340 € =	1.170 €	
– WKP	– 102 €	1.068 €
Einkünfte insgesamt		1.722 €

b) Bezüge des Vaters

Rentenfreibetrag (2.340 € – 1.170 €)	1.170 €	
+ Versorgungsfreibetrag + Zuschlag	+ 2.004 €	
– Kostenpauschale	– 180 €	2.994 €
Einkünfte und Bezüge		4.716 €
– Karenzbetrag		624 €
schädliche Einkünfte und Bezüge		4.092 €

c) abziehbare agB

Die schädlichen Einkünfte und Bezüge sind vom Höchstbetrag abzuziehen.

ungekürzter Höchstbetrag	7.680 €
schädliche Einkünfte und Bezüge	4.092 €
gekürzter Höchstbetrag	3.588 €

	EUR
abziehbare agB, höchstens Aufwendungen (260 € x 12)	3.120
Übertrag:	82.005

	EUR
Übertrag:	82.005

Freibeträge (Ausbildungsfreibetrag) **nach § 33a Abs. 2 EStG**

Sohn Stefan, 20 Jahre alt,befand sich vom
1.1. bis 30.06.2009 in Berufsausbildung und
war auswärtig untergebracht (Köln).

Einkünfte des Sohnes im 1. Halbjahr 2009	1.000 €	
Karenzbetrag für 1/2 Jahr	– 924 €	
schädliche Einkünfte	76 €	
Freibetrag für 1/2 Jahr	462 €	
schädliche Einkünfte	– 76 €	
abziehbare agB	386 €	386

Tochter **Andrea, 16 Jahre alt**, befand sich vom
1.1. bis 31.12.2009 in Berufsausbildung.
Die Eltern erhalten für Andrea keinen Freibetrag
nach § 33a Abs. 2, weil sie **nicht auswärtig untergebracht und
nicht volljährig** war.

	0

= Einkommen	**81.619**

---

*) Das kleine **Einfamilienhaus** des Vaters bleibt bei der Feststellung seines
Vermögens außer Betracht, weil es als ein angemessenes Hausgrundstück
gilt (R 33a.1 Abs. 2 Nr. 2 EStR 2008 und H 33a.1 (Geringes Vermögen) EStH).

15 Zu versteuerndes Einkommen

15.1 Freibeträge für Kinder

15.1.1 Kinderfreibetrag

Fall 1:

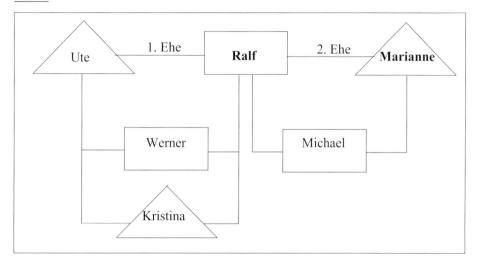

Zu 1. Michael ist ein Kind, das mit **Ralf und Marianne** Wild **im ersten Grad** verwandt ist.

Werner ist ein Kind, das mit **Ralf Wild im ersten Grad verwandt** ist. Mit Marianne Wild besteht **kein** steuerliches Kindschaftsverhältnis.

Kristina ist ein Kind, das mit **Ralf Wild im ersten Grad verwandt** ist. Mit Marianne Wild besteht **kein** steuerliches Kindschaftsverhältnis.

Zu 2. Alle drei Kinder sind **zu berücksichtigende Kinder** (§ 32 **Abs. 3** und **Abs. 4**).

Fall 2:

Zu 1. Das Kind (§ 32 Abs. 1) ist 2009 für **neun Monate** (von Januar bis einschl. Sept. 2009) ein steuerlich **zu berücksichtigendes Kind**, weil es in dieser Zeit für einen Beruf ausgebildet wird + Übergangszeit (§ 32 Abs. 4 Nr. 2a).
Nach diesem Zeitraum wird Thomas in **2009 nicht** mehr berücksichtigt.

Zu 2. Wenn Thomas im Juli 2010 seine Ausbildung als Steuerfachangestellter beginnt, wird er von **Juli 2010 bis Dezember 2010** berücksichtigt, weil er sich dann wieder in der Berufsausbildung befindet (§ 32 Abs. 4 Nr. 2a).

Fall 3:

Das **Kind ist 2009** steuerlich **zu berücksichtigen**, weil die Einkünfte und Bezüge des Kindes, wie die folgende Berechnung zeigt, den Grenzbetrag **nicht** übersteigen. Hinweis: Die Eurowerte sind teilweise gerundet.

	EUR	EUR	EUR
Grenzbetrag			7.680
gekürzter Grenzbetrag (September bis Dezember) 4/12 von 7.680 Euro =			**2.560**
Einkünfte des Kindes im Anspruchszeitraum			
Einkünfte aus nichtselbständiger Arbeit (§ 19)			
Bruttoarbeitslohn (400 € x 4 + Weihnachtsgeld) – Arbeitnehmer-Pauschbetrag	2.000 – 920		
= Einkünfte		1.080	
Einkünfte aus Vermietung und Verpachtung (§ 21)			
Einnahmen – WKP	9.829 – 9.000		
= Einkünfte	829		
Von den Einkünften aus V + V entfallen 4/12 auf den Anspruchszeitraum. 4/12 von 829 € =		276	
= Summe der Einkünfte		1.356	
Bezüge des Kindes im Anspruchszeitraum			
= Bezüge im Kalenderjahr	0		
= Bezüge im Anspruchszeitraum (4/12 v. 0 €)		0	
= Summe der Einkünfte und Bezüge des Kindes		1.356	
– **Arbeitnehmeranteil zur Sozialversicherung**		– **443**	
= Bemessungsgrundlage für den Jahresgrenzbetrag		913	
Die Summe der Einkünfte und Bezüge übersteigt im Anspruchszeitraum mit den maßgebenden Grenzbetrag von 2.560 € **nicht**, so dass das Kind in 2009 zu **berücksichtigen** ist.			**913**

Fall 4:

Summe der Kinderfreibeträge: **9.660 Euro** (§ 32 Abs. 6 S. 1 – 4)

Erläuterung:
Kind in **Deutschland**: 3.864 Euro
Kinder in **Griechenland**: 2 x 2.898 Euro (**Ländergruppe 2, 3/4-Ansatz**).

Der Steuerpflichtige kann neben den o. g. Kinderfreibeträgen auch die entsprechenden **Betreuungsfreibeträge** in Anspruch nehmen.

Fall 5:

Eheleute Wild

	EM EUR	EF EUR
Michael	1.932	1.932
Werner	1.932	—
Kristina	1.932	—
	5.796	1.932
	7.728	

Die Steuerpflichtigen können neben den o. g. Kinderfreibeträgen auch die entsprechenden **Betreuungsfreibeträge** in Anspruch nehmen.

Fall 6:

Walter und **Rainer** sind **zu berücksichtigende Kinder**. Der **Vater** erhält für **Walter** den **vollen** Kinderfreibetrag von 3.864 Euro (§ 32 Abs. 6 S. 1 - 3), weil die Mutter während des ganzen Jahres **nicht unbeschränkt** einkommensteuerpflichtig gewesen ist.

Die **Großeltern** erhalten für **Rainer** den **vollen** Kinderfreibetrag von 3.864 Euro, weil zwischen ihnen und Rainer ein **Pflegschaftsverhältnis** besteht (§ 32 Abs. 1 Nr. 2 und Abs. 2 sowie Abs. 6 S. 3 Nr. 2 EStG/R 32.2 Abs. 1 und Abs. 2 EStR).

Fall 7:

Frau Grimm und ihr geschiedener Mann erhalten, wenn Frau Grimm nichts unternimmt, **je** den **halben** Kinderfreibetrag von **1.932 Euro** (§ 32 Abs. 6 Satz 1).

Frau Grimm kann jedoch **beantragen**, den Kinderfreibetrag ihres geschiedenen Mannes auf sie zu **übertragen**. Die Übertragung ist **nicht** von der Zustimmung ihres geschiedenen Mannes abhängig (§ 32 Abs. 6 Satz 6).

15.1.3 Günstigerprüfung

Fall 8:

Die **Vergleichsrechnung** zwischen Kindergeld und der Summe der Freibeträge nach
§ 32 Abs. 6 EStG wird wie folgt durchgeführt:

	EUR	EUR
Einkommen	29.500	
= zu versteuerndes Einkommen	29.500	
darauf entfallende Einkommensteuer (Grundtab.)		5.542
Einkommen	29.500	
− Freibeträge nach § 32 Abs. 6		
Kinderfreibetrag	− 1.932	
Betreuungs-, Erziehungs- u. Ausbildungsfreibetrag	− 1.080	
= zu versteuerndes Einkommen (neu)	26.488	
darauf entfallende Einkommensteuer (Grundtab.)		4.623
= Differenzbetrag		919
− Kindergeld + Kinderbonus (984 € + 50 €)		− 1.034
= **negative Steuerermäßigung**		**− 115**

Im Rahmen der Veranlagung wird der **halbe** Kinderfreibetrag und der **halbe**
Betreuungsfreibetrag **nicht** abgezogen, weil das Kindergeld um 115 € günstiger ist
als die Freibeträge nach § 32 Abs. 6.

Fall 9:

Die **Vergleichsrechnung** zwischen Kindergeld und der Summe der Freibeträge nach
§ 32 Abs. 6 EStG wird wie folgt durchgeführt:

	EUR	EUR
Einkommen	80.000	
= zu versteuerndes Einkommen	80.000	
darauf entfallende Einkommensteuer (Splittingtab.)		18.204
Einkommen	80.000	
− Freibeträge nach § 32 Abs. 6		
Kinderfreibetrag	− 3.864	
Betreuungs-, Erziehungs- u. Ausbildungsfreibetrag	− 2.160	
= zu versteuerndes Einkommen (neu)	73.976	
darauf entfallende Einkommensteuer (Splittingtab.)		16.052
= Differenzbetrag		2.152
− Kindergeld + Kinderbonus (1.968 € + 100 €)		− 2.068
= **zusätzliche Steuerermäßigung**		**84**

Im Rahmen der Veranlagung werden die Freibeträge nach § 32 Abs. 6 EStG abgezogen
und das Kindergeld in Höhe von 2.068 € der tariflichen Einkommensteuer hinzugerechnet.
Bei der Ermittlung des zu versteuernden Einkommens wird für den Sohn der Kinderfreibetrag und der Betreuungsfreibetrag abgezogen.

15.2 Härteausgleich nach § 46 Abs. 3 EStG, § 70 EStDV

Fall 10:

	EUR
Einkünfte aus nichtselbständiger Arbeit (§ 19)	
Einnahmen 11.528 € – Arbeitnehmer-Pauschbetrag – 920 €	10.608
Einkünfte aus Vermietung und Verpachtung (§ 21)	**300**
= **Summe der Einkünfte = Gesamtbetrag der Einkünfte**	10.908
– Sonderausgaben (SA 1)	
Sonderausgaben-Pauschbetrag (§ 10c Abs. 1)	36
– Sonderausgaben (SA 2) **Vorsorgepauschale**	
1. Teilbetrag nach § 10c Abs. 2 Nr. 1 EStG 19,9 % von 11.528 € = 2.294 € davon 50 % = 1.147 € davon in 2009: 36 % = 413 €	
2. Teilbetrag nach § 10c Abs. 2 Nr. 2 EStG 11 % von 11.528 € = 1.268 €, höchstens 1.500 € 1.268 €	
Vorsorgepauschale insgesamt	1.681
= **Einkommen**	9.191
– Härteausgleich nach § 46 Abs. 3	**300**
= **zu versteuerndes Einkommen**	**8.891**

Hinweis: Die Eurobeträge sind teilweise gerundet

Fall 11:

	Ehemann EUR	Ehefrau EUR	Gesamt EUR
Einkünfte aus nichtselbständiger Arbeit (§ 19)			
Bruttoarbeitslohn 13.528 € – Arbeitnehmer-Pauschbetrag – 920 €	12.608		12.608
Einkünfte aus Vermietung und Verpachtung (§ 21)	1.000		1.000
= **Summe der Einkünfte**			**13.608**
– Altersentlastungsbetrag (EM, § 24a)			
33,6 % von 14.528 € (13.528 € + 1.000 €), höchstens Die EF erfüllt nicht die altersmäßigen Voraussetzungen und hat auch keine Einkünfte.			1.596
= **Gesamtbetrag der Einkünfte**			12.012
– SA 1 Sonderausgaben-Pauschbetrag (§ 10c Abs. 1)			72
– SA 2 **Vorsorgepauschale**			
1. Teilbetrag nach § 10c Abs. 2 Nr. 1 EStG			
19,9 % von 13.528 € = 2.692 € davon 50 % = 1.346 € davon in 2009: 36 % =		485 €	
2. Teilbetrag nach § 10c Abs. 2 Nr. 2 EStG			
11 % von 13.528 € = 1.488 €, höchstens 3.000 €		1.488 €	
Vorsorgepauschale insgesamt			1.973
= **Einkommen**			9.967
– Härteausgleich nach § 70 EStDV			
1.000 € – 336 € (AEB) (33,6 % von 1.000 €) = 664 € 820 € – 664 € =			**156**
= **zu versteuerndes Einkommen**			**9.811**

Hinweis: Die Eurobeträge sind teilweise gerundet.

Zusammenfassende Erfolgskontrolle zum 1. bis 15. Kapitel

	EUR

Einkünfte aus nichtselbständiger Arbeit (§ 19)		
Arbeitslohn aus aktiver Tätigkeit (2.500 € x 10)	25.000 €	
Ruhegehalt (keine Versorgungsbezüge) (300 € x 2)	600 €	
	25.600 €	
− Arbeitnehmer-Pauschbetrag	− 920 €	24.680

Einkünfte aus Kapitalvermögen (§ 20)		
Brutto-Dividende (100 x 2,30 €)	230,00 €	
− Sparer-Pauschbetrag 801 Euro, höchstens	− 230,00 €	
steuerpflichtige Einnahme	0,00 €	0

Einkünfte aus Vermietung und Verpachtung (§ 21)		
Einnahmen (750 € x 7)	5.250 €	
− Werbungskosten *)	− 14.599 €	− 9.349

sonstige Einkünfte im Sinne des § 22		
Leibrente (2 x 900 €) =	1.800 €	
Besteuerungsanteil: 58 % v. 1.800 € =	1.044 €	
− Werbungskosten-Pauschbetrag	− 102 €	942 €
bestimmte Leistungen (> 256 €)	395 €	
− Werbungskosten	− 73 €	322 €	1.264

= **Summe der Einkünfte = Gesamtbetrag der Einkünfte**	16.596

− Sonderausgaben (SA 1)		
Zuwendungen AWO (20 % v. GdE, max. 353 €)	353 €	
Mitgliedsbeiträge politische Parteien		
750 € (§ 34g)	0 €	353

Übertrag:	16.242

Hinweis: Die Eurobeträge sind teilweise gerundet.

	EUR
Übertrag:	16.242

– Sonderausgaben (SA 2)

Zeile	Altersvorsorgeaufwendungen i.S.d. § 10 Abs. 1 Nr. 2	EUR
1	Arbeitnehmeranteil zur gesetzlichen RV	2.488
2	steuerfreier Arbeitgeberanteil zur gesetzlichen RV	2.488
3	Beiträge zu landwirtschaftlichen Alterskassen	0
4	Beiträge zu berufsständischen Versorgungseinrichtungen	0
5	Beiträge zur kapitalgedeckten Altersversorgung	682
6	zu berücksichtigende Altersvorsorgeaufwendungen	5.658
7	Höchstbetrag (20.000 €/40.000 €)	20.000
8	68 % der zu berücksichtigenden Altersvorsorgeaufwendungen (68 % von 5.658 €)	3.847
9	der niedrigere Betrag der Zeile 7 oder der Zeile 8 ist anzusetzen	3.847
10	abzüglich steuerfreier Arbeitgeberanteil nach § 3 Nr. 62	– 2.488

11	abzugsfähige Sonderausgaben nach § 10 Abs. 3 EStG	1.359

sonstige Vorsorgeaufwendungen

AN-Anteil "Rest-Sozialversicherungsbeitrag" (5.164 € – 2.488 € = 2.676 €), höchstens	2.676 €	1.500

– **außergewöhnliche Belastungen** (§ 33a Abs. 1)

	EUR	EUR	EUR	
Ungekürzter **Höchstbetrag**			7.680	
a) Einkünfte der Mutter				
§ 19				
Versorgungsbezüge (12 x 150 €)	1.800			
– Versorgungsfreibetrag (40 %)	– 720			
– Zuschuss zum Versorgungsfr.	– 900			
– Arbeitnehmer-Pauschbetrag	– 102			
= Einkünfte aus nichtselbst. Arbeit		78		
§ 22				
Leibrente 2.750 €				
davon Besteuerungsanteil 50 %	1.375			
– Werbungskosten-Pauschbetrag	– 102			
= sonstige Einkünfte i.S. des § 22		1.273		
Einkünfte der Mutter		1.351		
b) Bezüge der Mutter				
Rentenfreibetrag (2.750 € – 1.375 €)	1.375			
+ Versorgungsfreibetrag + Zuschlag	1.620			
– Kostenpauschale	– 180			
= Bezüge der Mutter		2.815		
Summe der Einkünfte und Bezüge		4.166		
Übertrag:		4.166	7.680	13.383

	EUR	EUR	EUR
Übertrag:	4.166	7.680	13.383

c) Ermittlung der abziehbaren agB

Die Einkünfte und Bezüge der Mutter von übersteigen den Karenzbetrag von	4.166 624		
um (= anrechenbare Einkünfte und Bezüge)	3.542		

Die anrechenbaren Einkünfte und Bezüge sind vom ungekürzten Höchstbetrag abzuziehen		3.542	
= gekürzter Höchstbetrag		4.138	

Von dem Betrag von 4.138 € entfallen auf
Kaufmann 1/3 von 4.138 € =   1.379

= Einkommen = zu versteuerndes Einkommen   **12.004**

---

*)

	Kaufpreis	+	ANK	=	AK
Grund und Boden	50.120 €		2.370 €	=	52.490 €
Gebäude	200.480 €		9.480 €	=	**209.960 €**
	250.600 €		11.850 €	=	262.450 €

Werbungskosten:

AfA: (2 % von 209.960 € für 9 Monate)	3.149 €
Schuldzinsen einschließlich Geldbeschaffungskosten (6.600 € + 1.190 € + 110 €)	7.900 €
Damnum	3.000 €
Sonstige Werbungskosten (400 € + 150 €)	550 €
insgesamt	**14.599 €**

16 Ermittlung der Einkommensteuerschuld

Fall 1:

Die tarifliche **Einkommensteuer** beträgt 2009 nach der Grundtabelle (§ 32a Abs.1 Nr. 4) **17.150 €** (60.034 € x 42 % = 25.214,28 € – 8.064 € = 17.150,28 €; siehe auch Einkommensteuer-Grundtabelle 2009).

Fall 2:

Der **Grundtarif** (die **Grundtabelle**) ist anzuwenden.

Fall 3:

Die **tarifliche** Einkommensteuer beträgt 2009 nach der **Splittingtabelle** (§ 32a Abs. 1 Nr. 4 i.V.m. Abs. 5) **33.393 €** (117.908 € : 2 = 58.954 € x 42 % = 24.760,68 € – 8.064 € = 16.696,68 € x 2 = 33.393,36 €; siehe auch Einkommensteuer-Splittingtabelle 2009).

Die **festzusetzende** Einkommensteuer beträgt 2009 **35.461 €** (33.393 € + 2.068 €).

Fall 4:

Zu 1.

Zeile		EUR
1	tatsächlich zu versteuerndes Einkommen	13.018
2	+ Arbeitslosengeld (§ 32b Abs. 1 Nr. 1 EStG)	5.976
3	= fiktives zu versteuerndes Einkommen	18.994
4	**ESt** nach der Grundtabelle für 18.994 € =	**2.488**
5	Ermittlung des **besonderen Steuersatzes** nach § 32b EStG 2.488 € x 100 = 248.800 € : 18.994 € = **13,0989 %**	
6	**ESt** unter Anwendung des **besonderen Steuersatzes** 13,0989 % von 13.018 € =	**1.705**

Zu 2.

Ohne den Progressionsvorbehalt hätte die **ESt** nach der Grundtabelle für 13.018 € = **978 €** betragen.

Fall 5:

Einkünfte aus Gewerbetrieb (§ 15)	41.000 EUR
Einkünfte aus Vermietung und Verpachtung (§ 21)	**– 36.000 EUR**
Summe der Einkünfte = Gesamtbetrag der Einkünfte	5.000 EUR
– Sonderausgaben 7.500 €, höchstens	– 5.000 EUR
zu versteuerndes Einkommen	0 EUR
tarifliche ESt lt. Grundtabelle	0 EUR

Die **Steuerermäßigung** beträgt **0 €**, weil die tarifliche ESt 0 € beträgt.

Fall 6:

Einkünfte aus Gewerbetrieb (§ 15)	**20.010 EUR**
Einkünfte aus nichtselbständiger Arbeit (§ 19)	45.004 EUR
Summe der Einkünfte = Gesamtbetrag der Einkünfte	24.994 EUR
– Sonderausgaben	– 6.000 EUR
zu versteuerndes Einkommen	18.994 EUR
tarifliche ESt lt. Grundtabelle	2.488 EUR
festzusetzende ESt	2.488 EUR

Die **Steuerermäßigung** beträgt **0 €**, weil von der tariflichen ESt in Höhe von 2.488 € nichts auf die "im zu versteuernden Einkommen enthaltenen **gewerblichen Einkünfte** entfällt" (§ 35 Abs.1 EStG).

Fall 7:

tarifliche ESt lt. Splittingtabelle für 100.053 € =	25.922 EUR
– Steuerermäßigung nach § 35 Abs. 1 Nr. 2 EStG [**3,8** x 6.000 € x 50 % (Anteil Becker)] =	– 11.400 EUR
= **festzusetzende** Einkommensteuer	14.522 EUR

Fall 8:

Die Steuerermäßigung nach § 35a **Abs. 1** beträgt **510 €** (20 % von 14.400 € = 2.880 €, höchstens 510 €).

Fall 9:

Die Steuerermäßigung nach § 35a **Abs. 2** beträgt **1.500 €** (20 % von 7.500 €). Der Höchstbetrag von 4.000 Euro wird nicht überschritten.

Fall 10:

Die Steuerermäßigung nach § 35a **Abs. 3** beträgt **357 €** (20 % von 1.785 € *). * Arbeitskosten 1.500 € + 285 € USt (19 %) = 1.785 €)

Fall 11:

1.	tarifliche ESt nach der Splittingtabelle	11.404 EUR
	– anzurechnende Lohnsteuer	– 6.000 EUR
2.	= Abschlusszahlung (§ 36 Abs. 4 S. 1/1 Monat nach Bekanntgabe)	**5.404 EUR**

18 Lohnsteuer

Fall 1:

1. Werbungskosten

Fahrten Wohnung/Arbeitsstätte (§ 9 Abs. 1 Nr. 4)		
200 Tage x 30 km x 0,30 €	1.800 €	
Gewerkschaftsbeitrag (§ 9 Abs. 1 Nr. 3)	192 €	
	1.992 €	
– Arbeitnehmer-Pauschbetrag (§ 9a Nr. 1a)	– 920 €	1.072 €

2. Sonderausgaben (SA 1)

Kirchensteuer (§ 10 Abs. 1 Nr. 4)	261 €	
– Sonderausgaben-Pauschbetrag (§ 10c Abs. 1)	– 36 €	225 €

3. **Jahresfreibetrag** (§ 39a Abs. 1 + 2)   1.297 €

   Monatsfreibetrag (Juni bis Dezember)   **185 €**

Für gesetzliche Sozialversicherungsbeiträge (SA 2) ist kein Ansatz möglich.

Fall 2:

Der AG hat 2010 **jährlich** die LSt anzumelden und abzuführen, weil die auf einen Jahresbetrag umgerechnete LSt 75 € x 12 = **900 €** beträgt (§ 41a Abs. 2 S. 2 + 3).

Fall 3:

Die monatliche Pauschalabgabe an die Deutsche Rentenversicherung Knappschaft-Bahn-See (§ 40a Abs. 6) beträgt **30 %** (15 % Rentenversicherung, 13 % Krankenversicherung und 2 % Pauschsteuer) von 350 € = 105 € + Umlagen und Insolvenzgeldumlage (**0,77 %** von 350 € = 2,70 €) = **107,70 €**.

Fall 4:

1. Die Entfernungspauschale beträgt **132 €** (220 Arbeitstage x 2 km x 0,30 €).
2. Ja, der Arbeitnehmer kann wieder die tatsächlichen Aufwendungen für Fahrten mit öffentlichen Verkehrsmitteln zur Arbeitsstätte absetzen (siehe Lehrbuch S. 140).

Fall 5:

Einkünfte aus nichtselbständiger Arbeit (§ 19)		
Bruttoarbeitslohn	22.976 €	
– WK-Pauschbetrag	– 920 €	22.056 Euro
= Summe der Einkünfte		22.056 Euro
– Sonderausgaben		– 2.800 Euro
= **Einkommen**		**19.256 Euro**

Der Steuerpflichtige wird 2010 **nicht veranlagt**, weil die Voraussetzungen des § 46 **Abs. 2** EStG nicht erfüllt sind.

Fall 6:

1. **Nein**, weil die Einkünfte nach § 46 Abs. 2 EStG nicht mehr als 410 € (1.960 € – 1.660 € = 300 €) betragen.
2. **Ja**, und zwar nach § 46 Abs. 2 Nr. 8 EStG.

Prüfungsfälle Einkommensteuer

Prüfungsfall 1:

1. Persönliche Steuerpflicht

Dieter, Helga, Eva und Maria Müller sind unbeschränkt einkommensteuerpflichtig, weil sie im Inland einen Wohnsitz haben (§ 1 Abs. 1).

2. Alter der Steuerpflichtigen

Vor Beginn des VZ 2009 (d.h. im VZ 2008) waren Dieter Müller **67 Jahre** und Helga **63 Jahre alt**. Dieter Müller erfüllt die altersmäßigen Voraussetzungen für die Gewährung des **Altersentlastungsbetrags** (§ 24a).

3. Zu berücksichtigende Kinder

Die Töchter **Eva und Maria** sind **zu berücksichtigende Kinder**. Eva, **22 Jahre alt**, weil sie für einen **Beruf ausgebildet** wird und **Maria**, weil sie **behindert** ist (§ 32 Abs. 4 **Nr. 2a** und **Nr. 3**). Die Eltern haben Anspruch auf zwei volle Kinderfreibeträge und zwei volle Betreuungsfreibeträge (§ 32 Abs. 6). Für Maria können zwei Drittel der Aufwendungen für die Kinderbetreuung als Betriebsausgaben/Werbungskosten geltend gemacht werden (§ 9c Abs. 1).

4. Veranlagungsart

Die Eheleute werden **zusammen** zur Einkommensteuer **veranlagt**, weil kein Ehegatte die getrennte Veranlagung beantragt hat (§ 26 Abs. 3).

5. Steuertarif

Ihr Einkommen wird nach dem **Splittingtarif** versteuert, weil sie zusammen veranlagt werden (§ 32a Abs. 5).

6. Ermittlung des zu versteuernden Einkommens

		Ehemann EUR	Ehefrau EUR	Gesamt EUR
Einkünfte aus Gewerbebetrieb (§ 15)				
Tz. 1.2.1				
vorläufiger Gewinn	41.995 €			
+ Kopiergerät (§ 6 Abs. 2a)	+ 420 €			
– AfA (20 % von 420 €)	– 84 €			
+ Werbegeschenke (§ 4 Abs. 7) *)	+ 100 €			
– Hälfte der erwerbsbedingten Kinderbetreuungskosten (§ 9c Abs. 1) (2/3 von 3.600 € x 50 %)	– 1.200 €	41.231		41.231
*) Aufzeichnungspflicht verletzt				
Übertrag:		41.231		41.231

	Ehemann EUR	Ehefrau EUR	Gesamt EUR
Übertrag:	41.231		41.231

Einkünfte aus nichtselbständiger Arbeit (§ 19)

Tz. 1.2.1

Einnahmen	4.988 €			
– Arbeitnehmer-Pauschbetrag (§ 9a Nr. 1a)	– 920 €			
– Hälfte der erwerbsbedingten Kinderbetreuungskosten (§ 9c Abs. 1) (2/3 von 3.600 € x 50 %)	– 1.200 €		2.868	2.868

Einkünfte aus Kapitalvermögen (§ 20)

Tz. 1.2.2 und 1.2.3

	EM EUR	EF EUR
Zinsen Eheleute (2.724,13 € : 73,625 x 100 : 2)	1.850	1.850
Brutto-Dividenden EF (441,75 € : 73,625 x 100)		600
Einnahmen insgesamt	1.850	2.450
– Sparer-Pauschbetrag	– 801	– 801
= steuerpflichtige Einnahmen	1.049	1.649

Die stpfl. Einnahmen unterlagen bereits der KapESt und dem SolZ und sind damit abgegolten.   **0**   **0**   **0**

Einkünfte aus V+V (§ 21)

Tz. 1.2.4

für die Zeit vom 1.4. bis 30.6.

Einnahmen: 3 x 800 €	2.400 €			
– Werbungskosten:				
Erbbauzinsen	100 €			
Hypothekenzinsen	300 €			
Eintragungsgebühr Hypothek	250 €			
Damnum	1.000 €			
Grundsteuer	12 €			
AfA nach § 7 Abs. 4 (2 % von 87.000 € für 3 Monate)	435 €			
	303 €	151	152	303

für die Zeit vom 1.7. bis 31.12.

Für diesen Zeitraum sind keine Einkünfte aus V + V anzusetzen, weil das EFH selbst genutzt wird.

Tz. 1.2.5

Die **Rente** aus der Berufsgenossenschaft ist nach § 3 Nr.1a **steuerfrei**.

	Ehemann EUR	Ehefrau EUR	Gesamt EUR
= **Summe der Einkünfte**	41.382	3.020	44.402

	Gesamt EUR
Übertrag:	44.402
– Altersentlastungsbetrag (§ 24a)	
EM: 40 % von 41.382 €, höchstens	1.900
EF: erfüllt nicht die altersmäßigen Voraussetzungen	
= Gesamtbetrag der Einkünfte	42.502
– Sonderausgaben 1 (SA 1)	

Zuwendung politische Partei (§ 34g) [*)]	0 €	
SA-Pauschbetrag (§ 10c Abs. 1 + 4)	72 €	72

– Sonderausgaben 2 (SA 2)

Altersvorsorgeaufwendungen (§ 10 Abs. 3)

68 % von 972 € (486 € + 486 €) = 661 € – 486 € =	175

sonstige Vorsorgeaufwendungen (§ 10 Abs. 4)

AN-Anteil Gesamtsozialvers. lt. Zeile 25 (Ehefrau)	971 €	
Lebensversicherung (88 % von 4.886 €)	4.300 €	
Kranken- und Pflegeversicherung (Ehemann)	1.200 €	
Einbruch- u. Diebstahlvers. (nicht berücksichtigungsf.)	0 €	
Hundehaftpflichtversicherung	93 €	
	6.564 €	
Höchstbetrag für Dieter Müller	2.400 €	
Höchstbetrag für Helga Müller	1.500 €	3.900

– außergewöhnliche Belastungen

a) nach § 33

Aufwendungen i.S. des § 33	2.500 €	
– zumutbare Belastung (3 % von 42.502 €)	1.275 €	
= abziehbare agB		1.225 €

b) nach § 33a

1 Unterhaltsaufwendungen (33a **Abs. 1**)

a) Ermittlung der Einkünfte der Mutter

Rente	2.400 €	
Besteuerungsanteil 50 %	1.200 €	
– WKP	– 102 €	
= Einkünfte		1.098 €

b) Ermittlung der Bezüge der Mutter

Rentenfreib. (2.400 € – 1.200 €)	1.200 €	
+ Zuschuss zur KV	173 €	
	1.373 €	
– Kostenpauschale	– 180 €	
= Bezüge		1.193 €
Einkünfte und Bezüge (a + b)		2.291 €

Übertrag:	2.291 €	1.225 €	**38.355**

	EUR

Übertrag: 2.291 €   1.225 €   38.355

c) Ermittlung der abziehbaren agB

Die Einkünfte und Bezüge der
Mutter   2.291 €
übersteigen den Karenzbetrag von   624 €
um   1.667 €

Es könnten maximal 7.680 € – 1.667 € = 6.013 €
abgezogen werden, **höchstens** können jedoch die
tatsächlichen **Aufwendungen** abgezogen werden   1.200 €

2. Ausbildungsfreibetrag nach § 33a Abs. 2

Freibetrag für Tochter Eva   924 €

c) nach § 33b

Pauschbeträge für Körperbehinderte
  Tochter Maria   3.700 €
  Herr Müller   310 €   4.010 €
Pflege-Pauschbetrag (§ 33b Abs. 6)   924 €   8.283

= Einkommen   30.072

Kindergeld ist günstiger als die Freibeträge
nach § 32 Abs. 6 EStG   0

= zu versteuerndes Einkommen   **30.072**

---

*)
Für die **Zuwendung** und den Mitgliedsbeitrag an eine **politische Partei** wird den
Steuerpflichtigen eine Ermäßigung nach **§ 34g** in Höhe von 495 € (= die Hälfte von 990 €)
gewährt. Die Zuwendung und der Beitrag können deshalb **nicht** als **Sonderausgaben**
berücksichtigt werden.

3. Die **Steuerermäßigung** nach § 35 EStG beträgt **12.160 €** (3,8 x 3.200 €).

Prüfungsfall 2:

1. Persönliche Steuerpflicht

Die Eheleute und ihre Kinder sind **unbeschränkt einkommensteuerpflichtig,** weil sie im **Inland** einen **Wohnsitz** haben (§ 1 Abs. 1).

2. Alter der Steuerpflichtigen

Vor Beginn des VZ 2009 waren Christoph und Lotte Schneider **49 Jahre alt.** Sie erfüllen **nicht** die altersmäßigen Voraussetzungen für die Gewährung des Altersentlastungsbetrags (§ 24a).

3. Zu berücksichtigende Kinder

Es sind **drei zu berücksichtigende Kinder. Annette, 22 Jahre alt** befand sich in 2009 in der **Berufsausbildung** (§ 32 Abs. 4 Nr. 2a). **Heinrich, 16 Jahre alt** und **Pia, 14 Jahre alt,** werden ohne weitere Voraussetzungen berücksichtigt (§ 32 Abs. 3). Die Eltern haben für die drei Kinder Anspruch auf **drei volle Freibeträge nach § 32 Abs. 6** (Kinderfreibeträge und Betreuungsfreibeträge).

4. Veranlagungsart

Die Eheleute werden **zusammen** zur Einkommensteuer **veranlagt,** weil keiner die getrennte Veranlagung beantragt hat (§ 26 Abs. 3).

5. Steuertarif

Splittingtarif, weil sie zusammen veranlagt werden (§ 32a Abs. 5).

6. Ermittlung des zu versteuernden Einkommens

		Ehemann EUR	Ehefrau EUR	Gesamt EUR
Einkünfte aus Gewerbebetrieb (§ 15 Abs. 1 Nr. 2)				
Tz. 1.2.3				
Beteiligung KG (§ 4a Abs. 2 Nr. 2)			4.000	4.000
Einkünfte aus selbst. Arbeit (§ 18 Abs. 1 Nr. 1)				
Tz. 1.2.1				
Betriebseinnahmen	129.510 €			
− vorl. Betriebsausgaben	− 60.594 €			
= vorläufiger Gewinn	68.916 €			
+ Gerät (kein GWG)	+ 1.200 €			
− AfA: 20 % von 1.200 € für 1 Monat (§ 7 Abs. 1)	− 20 €			
Sonder-AfA (§ 7g Abs. 5) (20 % von 1.200 €)	− 240 €			
Aktenvernichter = Pool-GWG	+ 405 €			
20 % von 405 € (§ 6 Abs. 2a)	− 81 €			
= Gewinn Arztpraxis	70.180 €			
Tz. 1.2.2				
Gewinn aus schriftstellerischer Tätigkeit	20 000 €	90.180		90.180
Übertrag:		90.180	4.000	94.180

	Ehemann €	Ehefrau €	Gesamt €
Übertrag:	90.180	4.000	94.180

Einkünfte aus Kapitalvermögen (§ 20)

Tz. 1.2.3 (§ 20 Abs. 1 Nr. 1)

Brutto-Dividende
(625,81 € : 73,625 x 100)   850,00 €

Tz. 1.2.4 (§ 20 Abs. 1 Nr. 7)

Zinsen (2.769,04 € : 73,625 x 100)	3.761,00 €		
Einnahmen insgesamt	4.611,00 €		
– Sparer-Pauschbetrag	– 1.602,00 €		
= steuerpflichtige Einnahmen	3.009,00 €		
– KapESt (25 % von 3.009 €)	– 752,25 €		
– SolZ (5,5 % von 752,25 €)	– 41,37 €		
	2.215,38 €		

Mit dem Abzug der KapESt und
des SolZ sind die Kapitalerträge
bereits steuerlich abgegolten.   0   0

Einkünfte aus V + V (§ 21 Abs. 1 Nr.1)

Tz. 1.2.5

Einnahmen (§ 8 Abs. 1):				
Miete EG (120 x 9 x 10 €)	10.800 €			
– Werbungskosten (§ 9 Abs. 1):				
Schuldzinsen				
(4.000 € : 2)	2.000 €			
Damnum 2 % von 80.000 € =				
1.600 € : 2 =	800 €			
Haushaftpflichtversicherung				
(200 € : 2)	100 €			
Brandversicherung (100 € : 2)	50 €			
AfA nach § 7 Abs. 5 Nr. 3c				
4 % von 250.000 € = 10.000 € : 2 =	5.000 €	1.425	1.425	2.850

	Ehemann	Ehefrau	Gesamt
= **Summe der Einkünfte**	91.605	5.425	97.030
= **Gesamtbetrag der Einkünfte**			97.030
– **Sonderausgaben 1 (SA 1)**			
Kirchensteuer (§ 10 Abs. 1 Nr. 7)			2.070

Zuwendungen (§ 10b Abs. 1) **8.500 €** (1.000 € + 7.500 €)
maximal abzugsfähig:
20 % von 97.030 = 19.406 €,
höchstens Zuwendungen   8.500

Übertrag:			86.460

	€
Übertrag:	86.460
Die Zuwendungen an **politische Parteien** können als SA nicht berücksichtigt werden, weil für sie eine Steuerermäßigung (§ 34g Abs. 1 Satz 2) von 350 € gewährt wird.	0

– Sonderausgaben 2 (SA 2)

Altersvorsorgeaufwendungen (§ 10 Abs. 1 Nr. 2a + Abs. 3)

68 % von 13.200 € (Versorgungskasse der Ärzte) =   8.976

sonstige Vorsorgeaufwendungen (§ 10 Abs. 1 Nr. 3a)

Haushaftpflichtversicherung (50 % von 200 €)	100 €	
Kranken- und Pflegeversicherung	4.320 €	
private Haftpflichtversicherung	160 €	
Beiträge zur Sterbekasse	124 €	
private Kfz-Haftpflichtversicherung	540 €	
	5.244 €	

Nach § 10 Abs. 4 Satz 1 können die Höchstbeträge wie folgt angesetzt werden:

für Christoph Schneider	2.400 €	
für Lotte Schneider	2.400 €	4.800

– **außergewöhnliche Belastungen**

a) nach § 33a **Abs. 2**

Ausbildungsfreibetrag Tochter Annette	924 €	
Für Heinrich und Pia wird kein Ausbildungsfreibetrag gewährt, weil sie unter 18 Jahre alt sind.		

b) nach **§ 33b** Abs. 3 + Abs. 5

Behinderten-Pauschbetrag Tochter Pia	890 €	1.814
= **Einkommen**		70.870
Kindergeld ist günstiger als die Freibeträge nach § 32 Abs. 6 EStG		0
= **zu versteuerndes Einkommen**		**70.870**

Die **tarifliche Einkommensteuer** beträgt laut Splittingtabelle **14.984 €**.

.

Prüfungsfall 3:

	Ehemann EUR	Ehefrau EUR	Gesamt EUR
Einkünfte aus nichtselbständiger Arbeit (§ 19)			
Bruttoarbeitslohn (lt. Lohnsteuerb.) 38.359 €			
– Werbungskosten (§ 9 Abs. 1 + 2)			
Fahrtkosten *) 4.416 €			
Fachliteratur 115 €			
Gewerkschaftsbeitrag 180 €			
Kontoführungsgebühren 16 €	33.632		33.632
Einkünfte aus Vermietung und Verpachtung (§ 21)		1.750	1.750
= **Summe der Einkünfte**	33.632	1.750	35.382
= **Gesamtbetrag der Einkünfte**			35.382
– Sonderausgaben 1 (SA 1)			
Spenden für gemeinnützige Zwecke (§ 10b Abs. 1)			125
Spende politische Partei (§ 34g)			0
– Sonderausgaben 1 (SA 2)			
Altersvorsorgeaufwendungen (§ 10 Abs. 1 Nr. 2a + Abs. 3)			
68 % von 7.634 € (3.817 € + 3.817 €) = 5.191 € – 3.817 € =			1.374
sonstige Vorsorgeaufwendungen (§ 10 Abs. 1 Nr. 3)			
AN-Anteil lt. Zeile 25 der Lohnsteuerb.		4.239 €	
Lebensversicherung (88 % von 3.460 €)		3.045 €	
Haftpflichtversicherung		100 €	
Unfallversicherung		150 €	
Hausrat (nicht berücksichtigungsfähig)		0 €	
		7.534 €	
Höchstbeträge (§ 10 Abs. 4) für			
Michael Fabel		1.500 €	
Gabi Fabel		2.400 €	3.900
– **außergewöhnliche Belastungen**			
nach § 33:			
Aufwendungen (§ 33 Abs. 1 + 2)		4.850 €	
– zumutbare Belastung (§ 33 Abs. 3)			
(3 % von 35.382 €)		– 1.061 €	3.789
nach § 33a Abs. 2:			
Freibetrag		924 €	
Zuschuss (250 € x 12 = 3.000 € x 50 %) 1.500 €			
– Kostenpauschale – 180 €		1.320 € **)	0
nach § 33a Abs. 3 EStG a.F.:			
Hilfe im Haushalt ***)			0
nach § 33b Abs. 3:			
Pauschbetrag für Behinderte (GdB: 50)			570
Einkommen = zu versteuerndes Einkommen			**25.624**

*)   Ohne Einzelnachweis der tatsächlichen Aufwendungen können die Fahrtkosten
        nach den Regeln der R 9.5 Abs. 1 Satz 5 LStR 2008 bei einer Pkw-Benutzung mit
        0,30 € je Fahrtkilometer angesetzt werden (siehe Lehrbuch Seite 142)
        (64 km x 0,30 € x 230 Tage = 4.416 €).
**)   Der Karrenzbetrag (1.848 Euro) gilt nicht bei öffentlichen Zuschüssen.
***) Der Abzug einer Hilfe im Haushalt war bisher in § 33a Abs. 3 geregelt. **Ab VZ
        2009** erhält der Stpfl. beim Vorliegen der Voraussetzungen eine **Steuerermäßigung**
        nach § 35a Abs. 2 EStG von **300 €** (20 % von 1.500 €).

2. Berechnung der Einkommensteuererstattung

tarifliche Einkommensteuer von 25.624 € lt. Splittingtabelle	1.870 EUR
– Tarifermäßigung nach § 34g Satz 2 EStG	
(50 % Spende an politische Parteien von 250 €)	– 125 EUR
– Steuerermäßigung nach § 35a EStG	– 300 EUR
= **festzusetzende** Einkommensteuer	1.445 EUR
– einbehaltene Lohnsteuer (§ 36 Abs. 2 Nr. 2)	– 3.926 EUR
= **Einkommensteuererstattung** (§ 36 Abs. 4 S. 2)	**2.481 EUR**

Prüfungsfall 4:

Zu 1.

		EUR
Einkünfte aus selbständiger Arbeit (§ 18)		
BE	30.027 €	
– BA [(3.181 € + 2.400 € (2/3 von 3.600 €)*]	– 5.581 €	24.446
* erwerbsbedingte Kinderbetreuungskosten		
= **Summe der Einkünfte**		24.446
– **Entlastungsbetrag für Alleinerziehende** (§ 24b)		1.308
= **Gesamtbetrag der Einkünfte**		23.138
– **Sonderausgaben 1** (SA 1)		
KiSt (§ 10 Abs. 1 Nr. 4)		134
– **Sonderausgaben 2** (SA 2)		
Beiträge zur Kranken- und Pflegeversicherung	5.500 €	
Beiträge zur freiwilligen Pflegeversicherung	150 €	
	5.650 €	
Da die Steuerpflichtige die Aufwendungen für ihre Kranken-versicherung und Krankheitskosten vollständig aus eigenen (versteuerten) Einnahmen trägt, beträgt der abzugsfähige Höchstbetrag nach § 10 Abs. 4 Satz 1		2.400
– **außergewöhnliche Belastungen**		
a) nach § 33		
Aufwand	2.780 €	
zumutbare Belastung		
1 % von 23.138 € =	– 231 €	2.549
Übertrag:		18.055

	EUR
Übertrag:	18.055
b) nach § 33a Abs. 2 Ausbildungsfreibetrag Sylvia 7/12 von 924 €	539
Ausbildungsfreibetrag Thomas nicht auswärtig untergebracht	0
c) nach § 33b Abs. 3 Behinderten-Pauschbetrag Evelyn Herbst	430
Einkommen (= zu versteuerndes Einkommen)	**17.086**

Zu 1.1

Einzelveranlagung (§ 25)

Zu 1.2

Grundtabelle

Zu 1.3

Sylvia: 2.254 € (7/12 von 3.864 €) + 1.260 € (7/12 von 2.160 €) = 3.514 €
Thomas: 3.864 € + 2.160 € =　　　　　　　　　　　　　　　 6.024 €
Christian: 3.864 € + 2.160 € =　　　　　　　　　　　　　　 6.024 €
(§ 32 Abs. 6 S. 1 + 2 sowie **S. 3 Nr. 1**)

Zu 2.

Bruttoarbeitlohn (§ 19 Abs. 1 Nr. 1)		11.144 €
Rabatt (6.600 € – 5.000 €)	1.600 €	
– 4 % von 6.600 € (§ 8 Abs. 3 S.1)	– 264 €	
– Rabattfreibetrag (§ 8 Abs. 3 S. 2)	– 1.080 €	
	256 €	256 €
Einnahmen aus nichtselbständiger Arbeit		11.400 €
– Werbungskoten (§ 9)		
Fahrtkosten (50 km x 0,30 € x 150 Tage)	2.250 €	
Berufsbekleidung	250 €	
Kontoführungsgebühren	16 €	– 2.516 €
Summe der Einkünfte/Gesamtbetrag der Einkünfte		**8.884 €**

Zu 2.1　Antragsveranlagung (§ 46 Abs. 2 Nr. 8 EStG, Antrag bis 31.12.2014)

Zu 2.2　Einkünfte und Bezüge (s.o.)　　　　　　　　　　　　8.884,00 €
　　　　– Sozialversicherungsbeiträge　　　　　　　　　　 – 2.394,18 €
　　　　Einkünfte und Bezüge　　　　　　　　　　　　　　 6.489,82 €

Da die Bemessungsgrundlage den maßgebenden Grenzbetrag von 7.680 €
nicht übersteigt, ist das Kind in 2009 zu berücksichtigen (§ 32 Abs. 4 Nr. 1
i.V.m. § 32 Abs. 4 Satz 2 EStG).

Zu 3.

		EUR
Einkünfte aus Gewerbebetrieb (§ 15)		3.150
Einkünfte aus nichtselbständiger Arbeit (§ 19)		
Betriebsrente (§ 19 Abs. 2)	3.600 €	
– Versorgungsfreibetrag (§ 19 Abs. 2)	– 1.440 €	
– Zuschlag zum VFB (§ 19 Abs. 2)	– 900 €	
– ANP (§ 9a Nr. 1b)	– 102 €	1.158
sonstige Einkünfte i.S.d. § 22		
Rente/Besteuerungsanteil		
12.600 € x 50 % =	6.300 €	
– WKP (§ 9a Nr. 3)	– 102 €	6.198
Summe der Einkünfte		10.506
AEB (40 % von 3.150 €)		1.260
Gesamtbetrag der Einkünfte		**9.246**

Zu 4.1

Brutto-Dividende (1000 x 4 €)	4.000 EUR
– Kapitalertragsteuer (25 % von 4.000 €)	– 1.000 EUR
– Solidaritätszuschlag (5,5 % von 1.000 €)	– 55 EUR
Gutschrift (Netto-Dividende)	**2.945 EUR**

Zu 4.2

Mit dem Abzug der KapESt und des SolZ sind die Kapitalerträge abschließend abgegolten, sodass Herr Müller für die Kapitalerträge keine Einkommensteuererklärung an das Finanzamt abgeben muss. Liegt sein individueller Steuersatz unter 25 %, sollte Herr Müller die Veranlagungsoption wählen.

B. Körperschaftsteuer

1 Einführung in die Körperschaftsteuer

Fall 1:

Der Gewinn unterliegt **nicht** der **Körperschaftsteuer**, weil der Gewinn nicht von einer juristischen Person erzielt worden ist.
Der Gewinn unterliegt der **Einkommensteuer**.

Fall 2:

Zu 1.

Der Gewinn unterliegt **nicht** der **Körperschaftsteuer**, weil der Gewinn nicht von einer juristischen Person erzielt worden ist. Die KG ist eine Personengesellschaft, die weder der Körperschaftsteuer noch der Einkommensteuer unterliegt.

Zu 2.

Der Gewinnanteil des B unterliegt nicht der Körperschaftsteuer, sondern der **Einkommensteuer**.

Fall 3:

Zu 1.

Der Gewinn der GmbH unterliegt der **Körperschaftsteuer**, weil die GmbH eine juristische Person ist.

Zu 2.

Wird der Gewinn (oder Teile des Gewinns) ausgeschüttet, so unterliegt der Gewinnanteil bei C **nicht** der Körperschaftsteuer, da C eine natürliche Person ist.
Ab 1.1.2009 wird für private Kapitalerträge grundsätzlich eine Abgeltungssteuer von 25 % (zuzüglich Solidaritätszuschlag und ggf. Kirchensteuer) erhoben.

Fall 4:

Zu 1.

Der Gewinn der AG unterliegt der **Körperschaftsteuer**, weil die AG eine juristische Person ist.

Zu 2.

Die Aufsichtsratsvergütung des D unterliegt nicht der Körperschaftsteuer, sondern der **Einkommensteuer** (§ 18 Abs. 1 Nr. 3 EStG).

2 Körperschaftsteuerpflicht

<u>Fall 1:</u>

Unbeschränkte Körperschaftsteuerpflicht:

1. OSCAR GmbH, Köln	**Ja**, § 1 Abs. 1 Nr. 1 KStG
2. Heinrich Zengler GmbH & Co. KG, Hamburg	& Co.KG, **Nein**, Personeng. GmbH, **Ja**, Kapitalgesellsch.
3. Wasserwerk der Stadt Bad Neuenahr-Ahrweiler	**Ja**, § 1 Abs. 1 Nr. 6 KStG
4. Volksbank Lahnstein eG, Lahnstein (Rhein)	**Ja**, § 1 Abs. 1 Nr. 2 KStG
5. Post-Sportverein Koblenz e.V., Koblenz	**Ja**, § 1 Abs. 1 Nr. 4 KStG
6. Reinhold Harsch KG, Stuttgart	**Nein**, KG keine jur. Person
7. Grimm GmbH, Ingolstadt	**Ja**, § 1 Abs. 1 Nr. 1 KStG

<u>Fall 2:</u>

Die Austria AG ist **beschränkt** körperschaftsteuerpflichtig mit ihren **inländischen** Einkünften (§ 2 KStG).

<u>Fall 3:</u>

<u>Zu 1.</u>

Die GmbH ist **unbeschränkt** körperschaftsteuerpflichtig, weil sie ihren Sitz/ Geschäftsleitung im Inland hat (§ 1 Abs. 1 Nr. 1 KStG).

<u>Zu 2.</u>

Die unbeschränkte Körperschaftsteuerpflicht hat zur **Folge**, dass **sämtliche** (in- und ausländische) **Einkünfte** der **Körperschaftsteuer unterliegen** (§ 1 Abs. 2 KStG).

<u>Zu 3.</u>

Für die Körperschaftsteuer der GmbH ist das **Geschäftsleitungsfinanzamt** in **Dortmund** örtlich zuständig, weil die GmbH im Bezirk des Finanzamtes Dortmund ihre Geschäftsleitung hat (§ 20 Abs. 1 AO).

3 Steuerbefreiungen

<u>Fall 1:</u>

Unbeschränkte Steuerbefreiung:

1. Steuerberater Akademie Rheinland-Pfalz, Stiftung des bürgerlichen Rechts, Mainz	**Ja**, § 5 Abs. 1 Nr. 9 KStG
2. Sterbegeldkasse des steuerberatenden Berufs, VVaG, Sitz Bonn	**Ja**, § 5 Abs. 1 Nr. 3 KStG
3. Volksbank Köln eG, Köln	**Nein**
4. Vereinigte Wasserwerke Mittelrhein GmbH, Koblenz	**Nein**

<u>Fall 2:</u>

Der Verein ist 2009 von der Körperschaftsteuer **befreit**, weil die Einnahmen aus dem wirtschaftlichen Geschäftsbetrieb **35.000 Euro** nicht übersteigen (§ 5 Abs. 1 Nr. 9 **Satz 2** KStG i.V.m. § 64 Abs. 3 AO).

4 Ermittlung des körperschaftsteuerlichen Einkommens

<u>Fall 1:</u>

Zehn Kunden erhalten Geschenke im Wert von jeweils 50 € (25 € Wein + 25 € weiteres Geschenk). Die Betragsgrenze von 35 Euro des **§ 4 Abs. 5 Nr. 1 EStG** von 35 Euro wird bei diesen Personen überschritten, sodass die nicht abzugsfähigen Betriebsausgaben **500 €** (10 x 50 €) betragen.
Im Rahmen der **Korrekturen nach einkommensteuerlichen Vorschriften** sind die nicht abzugsfähigen Betriebsausgaben dem **handelsrechtlichen Jahresüberschuss** für Zwecke der Ermittlung des körperschaftsteuerlichen zu versteuernden Einkommens **hinzuzurechnen**.

Die Geschenke im Wert von 25 € für die 90 übrigen Kunden sind abzugsfähige Betriebsausgaben, da die Betragsgrenze von 35 Euro pro Person nicht überschritten wird.

Fall 2:

	EUR
= Einkommen **nach** Abzug der Zuwendungen	150.000
+ sämtliche Zuwendungen (15.000 € + 10.000 € + 5.000 €)	30.000
= **Summe der Einkünfte** (Einkommen **vor** Abzug der Zuwendungen)	180.000
– abzugsfähige Zuwendungen	
Zuwendungen **25.000 €** (15.000 € + 10.000 €) maximal abziehbar: **20 %** von 180.000 € = 36.000 €, höchstens Zuwendungen *)	– 25.000
oder	
4 ‰ von 7.500.000 € = 30.000 € höchstens Zuwendungen = 25.000 €	
Bei beiden Methoden ist der abziehbare Betrag gleich hoch.	
= **Gesamtbetrag der Einkünfte** (= Einkommen)	**155.000**

*) Zuwendungen an politische Parteien sind nicht abzugsfähig.

Fall 3:

	EUR
vorläufiger Jahresüberschuss lt. Handelsbilanz	325.000
+ nichtabziehbare Aufwendungen	
KSt-Vorauszahlungen	180.000
Solidaritätszuschlag	9.900
Aufsichtsratvergütung (50 % von 40.000 €)	20.000
= **zu versteuerndes Einkommen**	**534.900**

5 Körperschaftsteuertarif

Fall 1:

Gewinn **vor** Ertragsteuern	500.000 €
– Gewerbesteuer	– 78.750 €
– Körperschaftsteuer (15 % von 500.000 €)	– 75.000 €
– Solidaritätszuschlag (5,5 % von 75.000 €)	– 4.125 €
= **Ausschüttung**	**342.125 €**

Fall 2:

	Gewinn der Hausmann-AG (Ausschüttung)	342.125,00 €
−	KapESt (25 % von 342.125 €)	− 85.531,25 €
−	SolZ (5,5 % von 85.531,25 €)	− 4.704,22 €
=	**Auszahlung**	**251.889,53 €**

Fall 3:

	Jahresüberschuss	40.000,00 €
+	KSt-Vorauszahlungen	5.000,00 €
+	SolZ-Vorauszahlungen	275,00 €
+	GewSt-Vorauszahlungen (§ 4 Abs. 5b EStG)	4.000,00 €
+	Geldbuße	500,00 €
+	50 % Aufsichtsratsvergütungen	2.150,00 €
+	Zuwendungen für gemeinnützige Zwecke	5.000,00 €
+	verdeckte Gewinnausschüttung (6 % von 30.000 €)	1.800,00 €
=	Gesamtbetrag der Einkünfte	58.725,00 €
−	Zuwendungen für gemeinnützige Zwecke (20 % von 58.725 €, höchstens Zuwendungen)	− 5.000,00 €
=	zu versteuerndes Einkommen	53.725,00 €
x	**15 %** (§ 23 Abs. 1 KStG)	
=	**Körperschaftsteuer**	**8.058,75 €**

6 Aufteilung des steuerlichen Eigenkapitals

Fall

Zu 1.

	steuerliches Eigenkapital	200.000 €
−	Nennkapital (gezeichnetes Kapital)	− 50.000 €
−	steuerliches Einlagekonto	− 50.000 €
=	**ausschüttbarer Gewinn** zum Schluss des Wj 2008	**100.000 €**

Die Ausschüttungen in 2009 betragen **130.000 €** und **übersteigen** damit den ausschüttbaren Gewinn um **30.000 €**. Das steuerliche Einlagekonto wird um 30.000 € gemindert und erhöht sich um die erbrachten Einlagen von 40.000 €.

Zu 2.

	steuerliches Einlagekonto zum Schluss des Wj 2008	50.000 €
−	Abgänge im Wirtschaftsjahr 2009	− 30.000 €
+	Zugänge im Wirtschaftsjahr 2009	+ 40.000 €
=	**steuerliches Einlagekonto** zum Schluss des Wj 2009	**60.000 €**

Zu 3.

	steuerliches Eigenkapital (200.000+130.000−130.000+40.000)	240.000 €
−	Nennkapital (gezeichnetes Kapital)	− 50.000 €
−	steuerliches Einlagekonto	− 60.000 €
=	**ausschüttbarer Gewinn** zum Schluss des Wj 2009	**130.000 €**

Prüfungsfälle Körperschaftsteuer

Prüfungsfall 1:

	EUR
vorläufiger Jahresüberschuss lt. Handelsbilanz	253.630
+ Werbegeschenke über 35 €	980
= Gewinn lt. Steuerbilanz	254.610
+/– Korrekturen nach **körperschaftsteuerlichen** Vorschriften	
+ **sämtliche** Zuwendungen (2.850 € + 3.775 €)	+ 6.625
+ nichtabziehbare Aufwendungen	
Beiratsvergütungen (50 % von 12.000 €)	+ 6.000
Körperschaftsteuer-Vorauszahlungen	+ 25.000
Solidaritätszuschlag	+ 1.375
= **Summe der Einkünfte**	293.610
– **abziehbare** Zuwendungen (gemeinnützige Zwecke)	
max. **20 %** von 293.610 €, höchstens	– 2.850
1 .= **zu versteuerndes Einkommen**	**290.760**

2. KSt (15 % von 290.760 €)   43.614 €
    – Vorauszahlung   – 25.000 €
    = **KSt-Rückstellung**   **18.614 €**

    SolZ (5,5 % von 43.614 €)   2.399 €
    – Vorauszahlung   – 1.375 €
    = **SolZ-Rückstellung**   **1.024 €**

3. Vorläufiger Jahresüberschuss lt. Handelsbilanz   253.630 €
    – Zuführung KSt-Rückstellung   – 18.614 €
    – Zuführung SolZ-Rückstellung   – 1.024 €
    = **endgültiger Jahresüberschuss**   **233.992 €**

Prüfungsfall 2:

1. zu versteuerndes Einkommen   1.300.000 €
    – GewSt   – 222.950 €
    – KSt (15 % von 1.300.000 €)   – 195.000 €
    – SolZ (5,5 % von 195.000 €)   – 10.725 €

    = **maximale Ausschüttung (Brutto-Dividende)**   **871.325 €**

2. **Nein**, die KSt-Belastung bleibt gleich (15 %).

3. Ausschüttung (Brutto-Dividende)   871.325,00 €
    – Kapitalertragsteuer (25 % von 871.325 €)   – 217.831,25 €
    – Solidaritätszuschlag (5,5 % von 217.831,25 €)   – 11.980,72 €

    = Auszahlung an die Anteilseigner (Netto-Dividende) **641.513,03 €**

Prüfungsfall 3:

Zu 1.

	EUR
vorläufiger Jahresüberschuss	24.200
+ nicht abziehbare Betriebsausgaben i.S.d. § 4 Abs. 5 Nr. 1 EStG	+ 750
+ nicht abzugsfähige Bewirtungskosten (30 % von 833 €)	+ 250
= Gewinn lt. Steuerbilanz	25.200
+/- Korrekturen nach **körperschaftsteuerlichen** Vorschriften	
+ Körperschaftsteuer-Vorauszahlungen 2009	+ 10.000
+ Solidaritätszuschlag 2009	+ 550
= **zu versteuerndes Einkommen**	**35.750**

Zu 2.

Der **Körperschaftsteuersatz** beträgt 2009 **15 %** (§ 23 Abs. 1 KStG).

Zu 3.

Die **Körperschaftsteuer** beträgt 2009 **5.362,50 €** (15 % von 35.750 €).

Prüfungsfall 4:

Zu 1.

	EUR
Gewinn	600.000
+ GewSt-Vorauszahlung für 2009	+ 4.000
+ KSt-Vorauszahlung für 2009	+ 71.000
+ SolZ-Vorauszahlung für 2009	+ 3.905
+ KSt-Rückstellung (§ 10 Nr. 2 KStG)	+ 25.000
+ Beiratsvergütungen (50 % von 3.000 €)	+ 1.500
+ **sämtliche** Zuwendungen (2.000 € + 1.000 €)	+ 3.000
= **Summe der Einkünfte**	708.405
– **abziehbare** Zuwendungen (gemeinnützige Zwecke) maximal **20 %** von 708.405 €, höchstens	– 2.000
= **Gesamtbetrag der Einkünfte = zu versteuerndes Einkommen**	**706.405**

Zu 2.

Körperschaftsteuer (15 % von 706.405 €)	105.960,75 €
– KSt-Vorauszahlung für 2009	– 71.000,00 €
Körperschaftsteuerschuld	**34.960,75 €**

Prüfungsfall 5:

	EUR
Jahresüberschuss	60.800,00
Korrekturen nach **einkommensteuerrechtlichen** Vorschriften	
+ nicht abzugsfähige Bewirtungskosten (§ 4 Abs. 5 Nr. 2 EStG) (30 % von 3.000 €)	+ 900,00
+ GewSt-Rückstellung (§ 4 Abs. 5b EStG)	+ 6.000,00
= Gewinn lt. Steuerbilanz	67.700,00
Korrekturen nach **körperschaftsteuerrechtlichen** Vorschriften	
+ sämtliche Zuwendungen (12.000 € + 1.700 €)	+ 13.700,00
+ KSt-Vorauszahlungen 2009	+ 20.000,00
+ Säumniszuschläge (KSt)	+ 300,00
+ SolZ-Vorauszahlungen 2009	+ 1.100,00
= **Summe der Einkünfte**	102.800,00
− abziehbare Zuwendungen (gemeinnützige Zwecke) **20 %** von 102.500 €, höchstens Zuwendungen *)	− 12.000,00
= **Gesamtbetrag der Einkünfte**	90.800,00
− Verlustabzug (§ 10d EStG)	− 20.000,00
= **Einkommen = zu versteuerndes Einkommen**	70.800,00

*) Zuwendungen an politische Parteien sind nicht abzugsfähig.

Prüfungsfall 6:

zu 1.

	EUR
Jahresüberschuss lt. Handelsbilanz	638.925,00
Korrekturen nach **einkommensteuerrechtlichen** Vorschriften	
+ GewSt-Vorauszahlungen 2009	+ 8.250,00
GewSt-Nachzahlung 2007 (in 2007 noch abzugsfähig)	0,00
= Gewinn lt. Steuerbilanz	647.175,00
Korrekturen nach **körperschaftsteuerrechtlichen** Vorschriften	
− steuerfreie Investitionszulage	− 15.750,00
− Erstattung für KSt und SolZ 2008	− 2.625,00
+ KSt-Vorauszahlungen 2009	+ 90.000,00
+ Vorauszahlungen für SolZ 2009	+ 4.950,00
Säumniszuschlag für USt (fällt nicht unter § 10 KStG)	0,00
+ Spende an das Bayrische Rote Kreuz (gemeinnützige Zwecke)	+ 3.750,00
= Summe der Einkünfte	727.500,00
− abziehbare Zuwendungen (gemeinnützige Zwecke) 20 % von 727.500 €, höchstens Aufwendungen	− 3.750,00
= **zu versteuerndes Einkommen**	723.750,00

zu 2.

KSt (15 % von 723.500 €)	108.562,50 €
SolZ (5,5 % von 108.562,50 €)	5.970,94 €
− Vorauszahlungen 2009 (90.000 € + 4.950 €)	− 94.950,00 €
= **Körperschaftsteuerabschlusszahlung** (Nachzahlung)	19.583,44 €

C. Gewerbesteuer

1 Einführung in die Gewerbesteuer

Fall 1:

	EUR
Gewinn aus Gewerbebetrieb	35.000
+ Hinzurechnungen	16.000
	51.000
– Kürzungen	15.000
= **maßgebender** Gewerbeertrag (ist bereits abgerundet)	36.000
– Freibetrag (natürliche Person)	24.500
= **endgültiger** Gewerbeertrag	11.500
x Steuermesszahl 3,5 %	
= Steuermessbetrag (3,5 % von 11.500 €)	402,50
x Hebesatz 450 %	
= **Gewerbesteuer** (450 % von 402,50 €)	**1.811,25**

Fall 2:

	EUR
maßgebender Gewerbeertrag (ist bereits abgerundet)	36.000
– Freibetrag (Kapitalgesellschaft)	0
= **endgültiger** Gewerbeertrag	36.000
x Steuermesszahl 3,5 %	
= Steuermessbetrag (3,5 % von 36.000 €)	1.260
x Hebesatz 450 %	
= **Gewerbesteuer** (450 % von 1.260 €)	**5.670**

2 Steuerpflicht und Steuerbefreiungen

Fall 1:

1. **Ja**, kraft Rechtsform (§ 2 Abs. 2 GewStG)
2. **Nein**, selbständiger Arbeit (§ 18 EStG)
3. **Nein**, Land- und Forstwirtschaft (§ 13 EStG) ⎤ Abschn. 11 Abs. 1 GewStR
4. **Ja**, kraft gewerblicher Betätigung (§ 2 Abs. 1 GewStG)
5. **Ja**, kraft gewerblicher Betätigung (§ 2 Abs. 1 GewStG)
6. **Ja**, Gewerbebetrieb kraft wirtschaftlichen Geschäftsbetriebs (§ 2 Abs. 3 GewStG)

Fall 2:

Die Gewerbesteuerpflicht des Rodener beginnt am **2.1.2009**. Das Mieten der gewerblichen Räume und der Warenkauf sind nur Vorbereitungshandlungen, die noch keine Gewerbesteuerpflicht begründen.

3 Steuermessbetrag

Fall 1:

BV 31.12.2009	118.900 EUR
BV 31.12.2008	125.300 EUR
Unterschiedsbetrag	− 6.400 EUR
+ Entnahmen	+ 50.700 EUR
− Einlagen	− 1.300 EUR
Gewinn aus Gewerbebetrieb 2009	**43.000 EUR**

Fall 2:

Der **Gewinn aus Gewerbebetrieb** beträgt im EZ 2009 (98.000 € + 6.000 €) **104.000 €.**

Die Gewerbesteuer ist seit 2008 keine Betriebsausgabe mehr und darf den Gewinn aus Gewerbebetrieb nicht mehr mindern (§ 4 Abs. 5b EStG)..

Fall 3:

Der **Finanzierungsanteil** i.S.d. § 8 Nr. 1d GewStG beträgt im EZ 2009 **14.280 €** (20 % von 71.400 €).

Fall 4:

Der **Finanzierungsanteil** i.S.d. § 8 Nr. 1e GewStG beträgt im EZ 2009 **3.120 €** (65 % von 4.800 €).

Fall 5:

		EUR
1. 100 % der Entgelte für Schulden 1.1 Zinsaufwendungen für langfristige Kredite 30.000 € 1.2 Zinsaufwendungen für kurzfristige Kredite 9.000 €		39.000,00
2. 100 % der Gewinnanteile des stillen Gesellschafters		10.000,00
3. 20 % für Mietaufwendungen (20 % von 10.000 €)		2.000,00
4. 65 % der Pachtaufwendungen (65 % von 45.000 €)		29.250,00
5. 25 % der Aufwendungen für die zeitlich befriste Überlassung von Rechten (25 % von 120.000 €)		30.000,00
= Summe der Finanzierungsanteile		110.250,00
− Freibetrag		− 100.000,00
= verbleibender Betrag		10.250,00
x 25 % (= **Hinzurechnungsbetrag** nach § 8 **Nr. 1** GewStG)		**2.562,50**

Fall 6:

Die Kürzung für den Grundbesitz beträgt 1,2 % vom 1,4-fachen des Einheitswerts des Betriebsgrundstückes = **840 €**.

Fall 7:

Die Kürzung beträgt 80 % von 840 € =   **672 EUR**.

Fall 8:

Die Kürzung für den Grundbesitz beträgt:

in 2009: 1,2 % von 140 % von 80.000 € =   **1.344 EUR**
in 2010: 1,2 % von 140 % von 90.000 € =   **1.512 EUR**

Fall 9:

Zuwendungen **4.400 €** (1.400 € + 3.000 €)
maximal abziehbar:
20 % von 50.000 € = 10.000 €,
höchstens Zuwendungen   **4.400 EUR**

Die Zuwendungen an **politische Parteien** (§ 10b **Abs. 2**) sind **nicht** abzugsfähig.

Fall 10:

Zuwendungen **4.400 €** (1.400 € + 3.000 €)
maximal abziehbar:
20 % von 50.000 € = 10.000 €,
höchstens Zuwendungen   **4.400 EUR**

Die Zuwendungen an **politische Parteien** sind seit dem 1.1.1994 für Kapitalgesellschaften nicht mehr abzugsfähig (§ 9 Abs. 1 Nr. 2 KStG).

Fall 11:

 2009:

	EUR	EUR
Verlust aus Vorjahren (EZ 2007 und 2008)	2.500.000	
positiver maßgebender Gewerbeertrag im EZ 2009		2.000.000
– uneingeschränkter Verlustabzug	1.000.000	– 1.000.000
= verbleibender positiver maßgebender Gewerbeertrag		1.000.000
– eingeschränkter Verlustabzug (60 % v. 1.000.000 €)	600.000	– 600.000
= **vorläufiger** Gewerbeertrag im EZ 2009		**400.000**

 Verlustvortrag für die EZ 2010   900.000

 2010:

	EUR	EUR
Verlust aus Vorjahren (EZ 2007 und 2008)	900.000	
positiver maßgebender Gewerbeertrag im EZ 2010		1.000.000
– uneingeschränkter Verlustabzug	900.000	– 900.000
= verbleibender positiver maßgebender Gewerbeertrag		100.000
– eingeschränkter Verlustabzug (60 % v. 0 €)		– 0
= **vorläufiger** Gewerbeertrag im EZ 2010		**100.000**

Fall 12:

	EUR
vorläufiger Gewerbeertrag	105.215,00
Abrundung auf volle hundert Euro	105.200,00
– Freibetrag (natürliche Person)	– 24.500,00
= **endgültiger** Gewerbeertrag	80.700,00
x Steuermesszahl 3,5 %	
= Steuermessbetrag (3,5 % von 80.700 €)	**2.824.50**

Fall 13:

	EUR
vorläufiger Gewerbeertrag	14.315,00
Abrundung auf volle hundert Euro	14.300,00
– Freibetrag (Kapitalgesellschaft)	0,00
= **endgültiger** Gewerbeertrag	14.300,00
x Steuermesszahl 3,5 %	
= Steuermessbetrag (3,5 % von 14.300 €)	**500,50**

Fall 14:

	EUR
vorläufiger Gewerbeertrag (1.9. bis 31.12.)	40.000,00
kein Freibetrag, da Kapitalgesellschaft	0,00
= **endgültiger** Gewerbeertrag	40.000,00
x Steuermesszahl 3,5 %	
= Steuermessbetrag (3,5 % von 40.000 €)	**1.400,00**

Fall 15:

		EUR
Gewinn aus Gewerbebetrieb (Tz. 1)		21.000,00
+ Hinzurechnungen nach § 8		
100 % der Zinsaufwendungen für Hypothek	2.786 €	
20 % Miete für Registrierkasse (20 % von 1.625 €)	325 €	
= Summe der Finanzierungsanteile	3.111 €	
– Freibetrag 100.000 Euro, höchstens	– 3.111 €	
= verbleibender Betrag	0 €	0,00
		21.000,00
– Kürzungen nach § 9		
Grundbesitzkürzung		
1,2 % von 35.000 € (Tz. 3)		420,00
Gewinnanteil OHG (Tz. 4)		4.750,00
= **vorläufiger** Gewerbeertrag		15.830,00
Abrundung auf volle hundert Euro		15.800,00
– Freibetrag 24.500 €, höchstens		– 15.800,00
= **endgültiger** Gewerbeertrag		0,00
x Steuermesszahl 3,5 %		
= Steuermessbetrag (3,5 % von 0 €)		**0,00**

Fall 16:

		EUR
Gewinn aus Gewerbebetrieb (Tz. 1)		74.581,00
+ Hinzurechnungen nach § 8		
1. 100 % der Entgelte für Schulden	35.000 €	
2. 100 % der Gewinnanteile des st. Gesellschafters	15.000 €	
3. 20 % der Miete für Computer (20 % von 12.000 €)	2.400 €	
4. 65 % der Pacht für Grundstück (65 % von 60.000 €)	39.000 €	
5. 25 % der Aufwendungen für die Überlassung		
von Rechten (25 % von 120.000 €)	30.000 €	
= Summe der Finanzierungsanteile	121.400 €	
– Freibetrag	– 100.000 €	
= verbleibender Betrag	21.400 €	
x 25 % (= Hinzurechnungsbetrag nach § 8 Nr. 1)		5.350,00
		79.931,00
– Kürzungen nach § 9		
Grundbesitzkürzung		
1,2 % von 42.280 € (Tz. 4)		508,00
vorläufiger Gewerbeertrag		79.423,00
Abrundung auf volle hundert Euro		79.400,00
– Freibetrag		– 24.500,00
= **endgültiger** Gewerbeertrag		54.900,00
x Steuermesszahl 3,5 %		
= Steuermessbetrag (3,5 % von 54.900 €)		**1.921,50**

4 Festsetzung und Erhebung der Gewerbesteuer

Fall 1:

	EUR
Gewinn aus Gewerbebetrieb (Tz. 1)	84.695,00

+ Hinzurechnungen nach § 8

100 % der Zinsaufwendungen	2.250 €	
20 % der Miete für Kühlanlage (20 % von 3.000 €)	600 €	
20 % der Miete für Computer (20 % von 24.000 €)	4.800 €	
65 % der Miete für Lagerhalle (65 % von 18.000 €)	11.700 €	
= Summe der Finanzierungsanteile	19.350 €	
– Freibetrag 100.000 Euro, höchstens	– 19.350 €	
= verbleibender Betrag	0 €	0,00
Verlustanteil aus der KG-Beteiligung (Tz.3)		12.125,00
		96.820,00

– Kürzungen nach § 9

Grundbesitzkürzung (Tz.14)	
1,2 % von 70.000 € (50.000 € x 1,4)	840,00
Zuwendungen für wissenschaftliche Zwecke (Tz.12)	4.800,00
= **vorläufiger** Gewerbeertrag	91.180,00
Abrundung auf volle hundert Euro	91.100,00
– Freibetrag	– 24.500,00
= **endgültiger** Gewerbeertrag	66.600,00

x Steuermesszahl 3,5 %

= Steuermessbetrag (3,5 % von 66.600 €)	2.331,00

x Hebesatz 395 %

= **Gewerbesteuer** (395 % von 2.331 €)	**9.207,45**

Fall 2:

Betriebsvermögen am 31.12.2008	118.900 €
Betriebsvermögen am 31.12.2007	125.300 €
Unterschiedsbetrag	– 6.400 €
+ Entnahme	50.700 €
– Einlage	– 1.300 €
= **Gewinn aus Gewerbebetrieb**	**43.000 €**

	EUR
Gewinn aus Gewerbebetrieb	**43.000,00**

+ Hinzurechnungen nach § 8

100 % der Darlehenszinsen	2.100 €	
20 % der Miete für Einrichtungen (20 % von 1.200 €)	240 €	
= Summe der Finanzierungsanteile	2.340 €	
– Freibetrag 100.000 Euro, höchstens	– 2.340 €	0,00
Übertrag:		43.000,00

	EUR
Übertrag: Verlustanteil OHG	43.000,00 1.500,00
	44.500,00

– **Kürzungen nach § 9**

Grundbesitzkürzung
1,2 % von 112.000 € (80.000 € x 1,4)

	1.344,00
= **vorläufiger** Gewerbeertrag Abrundung auf volle hundert Euro – Freibetrag	43.156,00 43.100,00 – 24.500,00
= endgültiger Gewerbeertrag x Steuermesszahl 3,5 % = Steuermessbetrag (3,5 % von 18.600 €) x Hebesatz 395 %	18.600,00 651,00
= **Gewerbesteuer** (395 % von 651 €)	**2.571,45**

5 Zerlegung

Fall 1:

	Zerlegungsanteil
Gemeinde A 60 % von 24.000 € =	**14.400 EUR**
Gemeinde B 30 % von 24.000 € =	**7.200 EUR**
Gemeinde C 10 % von 24.000 € =	**2.400 EUR**
	24.000 EUR

Fall 2:

Betriebsstätten	Zerlegungsanteile		Hebesätze		Gewerbesteuer
Gemeinde A	14.400 €	x	445 %	=	**64.080 EUR**
Gemeinde B	7.200 €	x	450 %	=	**32.400 EUR**
Gemeinde C	2.400 €	x	370 %	=	**8.880 EUR**
	24.000 €				105.360 EUR

6 Gewerbesteuerrückstellung

Fall 1:

	EUR
Gewinn aus Gewerbebetrieb	89.300
+ Hinzurechnungen (§ 8 GewStG)	+ 9.700
	99.000
– Kürzungen (§ 9 GewStG)	– 1.000
= maßgebender Gewerbeertrag (§ 10 GewStG)	98.000
Abrundung auf volle 100 Euro (ist bereits abgerundet)	98.000
– Freibetrag (§ 11 Abs. 1 GewStG)	– 24.500
= (endgültiger) Gewerbeertrag	73.500
x (einheitliche) Steuermesszahl 3,5 %	
= Steuermessbetrag (3,5 % von 73.500 €)	2.573
x Hebesatz 380 %	
= Gewerbesteuer (380 % von 2.573 €)	9.777
– Gewerbesteuervorauszahlungen für 2009	**– 4.500**
= Gewerbesteuerrückstellung 2009	5.277

Fall 2:

	EUR
Gewinn aus Gewerbebetrieb	84.695
+ Gewerbesteuervorauszahlungen für 2009	**+ 3.000**
= Gewerbeertrag (§ 7 Abs. 1 GewStG)	87.695
+ Hinzurechnungen (§ 8 GewStG)	

100 % der Entgelte für Schulden	2.250 €	
20 % der Miete von 24.000 €	4.800 €	
20 % der Miete von 3.000 € =	600 €	
65 % der Miete von 18.000 € =	11.700 €	
= Summe der Finanzierungsanteile	19.350 €	
– Freibetrag 100.000 Euro, höchstens	– 19.350 €	
= verbleibender Betrag	0 €	
x 25 % (= Hinzurechnungsbetrag)		0 €
Verlustanteil KG		12.125 €

	EUR
	12.125
	99.820
– Kürzungen (§ 9 GewStG)	

Grundbesitzkürzung		
1,2 % von 70.000 € (50.000 € x 1,4)	840 €	
Zuwendung für wissenschaftliche Zwecke	4.800 €	

	EUR
	5.640
= maßgebender Gewerbeertrag (§ 10 GewStG)	94.180
Abrundung auf volle 100 Euro	94.100
– Freibetrag (§ 11 Abs. 1 GewStG)	– 24.500
= (endgültiger) Gewerbeertrag	69.600
x (einheitliche) Steuermesszahl 3,5 %	
= Steuermessbetrag (3,5 % von 69.600 €)	2.436
x Hebesatz 395 %	
= Gewerbesteuer (395 % von 2.436 €)	9.622
– Gewerbesteuervorauszahlungen für 2009	**– 3.000**
= Gewerbesteuerrückstellung 2009	6.622

Prüfungsfälle Gewerbesteuer

Prüfungsfall 1:

	EUR
Gewinn aus Gewerbebetrieb	64.444,00
+ Zuwendungen für gemeinnützige Zwecke und politische Partei *)	+ 2.000,00
= Gewinn lt. EStG	66.444,00

+ <u>Hinzurechnungen nach § 8</u>

100 % der Entgelte für Schulden (Darlehenszinsen		
6 % von 80.000 € = 4.800 € für 3 Monate)	1.200 €	
100 % des Damnums (4 % von 80.000 € = 3.200 €		
: 10 Jahre = 320 € für 3 Monate)	80 €	
100 % der Kontokorrentzinsen	256 €	
20 % der Leasingraten (20 % von 13.200 €)	2.640 €	
100 % der Gewinnanteile des st. Gesellschafters	10.000 €	
= Summe der Finanzierungsanteile	14.176 €	
– Freibetrag 100.000 Euro, höchstens	– 14.176 €	
= verbleibender Betrag	0 €	0 €
Verlustanteil OHG		8.500 €

		EUR
Verlustanteil OHG		8.500,00
		74.944,00

– <u>Kürzungen nach § 9</u>

Grundbesitzkürzung		
1,2 % von 95.200 € (85 % von 112.000 €)	1.142 €	
Betriebsgrundstück neu	0 €	
Zuwendungen für gemeinnützige Zwecke	1.500 €	2.642,00

	EUR
= **maßgebender** Gewerbeertrag	72.302,00
Abrundung auf volle hundert Euro	72.300,00
– Freibetrag	– 24.500,00
= **endgültiger** Gewerbeertrag	47.800,00
x Steuermesszahl 3,5 %	
= Steuermessbetrag (3,5 % von 47.800 €)	1.673,00
x Hebesatz 400 %	
= **Gewerbesteuer** (400 % von 1.673 €)	**6.692,00**

*) Die Zuwendungen haben den (handelsrechtlichen) Gewinn aus Gewerbebetrieb des Einzelunternehmers gemindert, obwohl dies nicht zulässig ist. Deshalb werden die Zuwendungen dem Gewinn wieder hinzugerechnet (siehe auch Lehrbuch S. 427).

Prüfungsfall 2:

Zu 1.

Hinzurechnungen:

§ 8 Nr. 1 GewStG: Darlehnszinsen (Freibetrag 12.000 €)   0 EUR

Kürzungen:

§ 9 Nr. 1 GewStG: 1,2 % von 100.000 € = 1.200 € x 140 % =   **1.680 EUR**

Zu 2.

Gewerbeertrag	30.000 EUR
− Freibetrag (Kapitalgesellschaft)	0 EUR
x Steuermesszahl 3,5 %	
= Steuermessbetrag (3,5 % von 30.000 €)	1.050 EUR
x Hebesatz (480 %)	
= **Gewerbesteuer (480 % von 1.050 €)**	**5.040 EUR**

Prüfungsfall 3:

		EUR
vorläufiger handelsrechtlicher Gewinn (Tz. 1)		107.850
+ Geschäftsführergehalt (Tz. 4)		28.800
= steuerrechtlicher Gewinn		136.650
+ Gewerbesteuervorauszahlungen (Tz. 8)		10.000
= Gewerbeertrag		146.650
+ Hinzurechnungen nach § 8		
Entgelte für Schulden:		
• 100 % der Kontokorrentzinsen (Tz. 7)	1.925 €	
• 100 % der Darlehenszinsen (Tz. 3) =	4.125 €	
• 100 % des Damnums (Tz. 3) 3.000 € : 5 x 11/12 =	550 €	
• 100 % der Gewinnanteile des echter st. Gesellschafters	2.600 €	
• 20 % der Mietaufwendungen Nähmaschine	1.200 €	
• 65 % Miete für Grundbesitz (Tz. 10)	3.120 €	
= Summe der Finanzierungsanteile	13.520 €	
− Freibetrag 100.000 Euro, höchstens	− 13.520 €	0
		146.650
− Kürzungen nach § 9		
1,2 % von 105.000 € (75.000 € x 140 %) (Tz. 2)		1.260
Gewinnanteil Tuch KG (Tz. 6)		2.500
vorläufiger Gewerbeertrag		142.890
Abrundung auf volle 100 Euro		142.800
− Freibetrag		− 24.500
= endgültiger Gewerbeertrag		118.300
x Steuermesszahl 3,5 %		
= Steuermessbetrag (3,5 % von 118.300 €)		4.141
x Hebesatz (480 %)		
= Gewerbesteuer (480 % von 4.141 €)		19.877
− Gewerbesteuervorauszahlungen		−10.000
= **Gewerbesteuer-Rückstellung**		**9.877**

2. vorläufiger steuerrechtlicher Gewinn 136.650 € + 9.877 € =
   endgültiger steuerrechtlicher Gewinn   **146.527 €**

D. Bewertungsgesetz

2 Wirtschaftliche Einheit

Fall 1:

1. Mietwohngrundstück,
2. Geschäftsgrundstück,
3. gemischtgenutztes Grundstück,
4. Geschäftsgrundstück,
5. Einfamilienhaus,
6. Geschäftsgrundstück,
7. Zweifamilienhaus,
8. Geschäftsgrundstück,
9. sonstiges bebautes Grundstück.

Fall 2:

a) Das Lagefinanzamt **München** ist für die Feststellung des Einheitswertes zuständig (§ 18 Abs. 1 Nr. 1 AO).

b) Das Grundstück ist ein **gemischt genutztes Grundstück**, weil es teils eigenen gewerblichen Zwecken, teils Wohnzwecken dient und weder ein Geschäftsgrundstück (die gewerbliche Nutzung ist nicht größer als 80 %) noch ein Mietwohngrundstück ist (die Nutzung zu Wohnzwecken ist nicht größer als 80 %).

c) Das Grundstück gehört zum zu 75 % zum **Betriebsvermögen** und zu 25 % zum **Grundvermögen**.

Fall 3:

Betriebsgrundstück	Geschäftsgrundstück
1. Betriebsvermögen	Grundvermögen
2. Grundstück dient zu 75 % dem eigenen gewerbl. Betrieb	Grundstück dient zu mehr als 80 % gewerblichen Zwecken

Fall 4:

1. Grundvermögen,
2. Betriebsvermögen,
3. Betriebsvermögen,
4. Betriebsvermögen,
5. Betriebsvermögen,
6. Betriebsvermögen.

4 Begriff und Bedeutung des Einheitswerts

<u>Fall 1:</u>

<u>Zu 1.</u>

Jahresrohmiete (185 qm x 38,40 DM)	7.104 DM
x Vervielfältiger lt. Anlage 7 zum BewG	9
= Grundstückswert (7.104 DM x 9)	63.936 DM
abgerundeter Einheitswert in DM	63.900 DM
Umrechnung in Euro (63.900 DM : 1,95583)	32.671,55 €
abgerundeter Einheitswert in Euro	**32.671,00 €**

<u>Zu 2.</u>

32.671 € x 3,1 v.T. =	**101,28 €**

<u>Zu 3.</u>

101,28 € x 360 % =	**364,61 €**

<u>Fall 2:</u>

<u>Zu 1.</u>

Bodenwert (898 qm x 12 DM)	10.776 DM
+ Gesamtgebäudewert (980 cbm x 173 DM)	169.540 DM
+ Gesamtwert Außenanlagen (4 % von 169.540 DM)	6.782 DM
= Ausgangswert	187.098 DM
Grundstückswert (Wertzahl 75 %) (75 % von 187.098 DM)	140.324 DM
abgerundeter Einheitswert in DM	140.300 DM
Umrechnung in Euro (140.300 DM : 1,95583)	71.734,25 €
abgerundeter Einheitswert in Euro	**71.734,00 €**

<u>Zu 2.</u>

71.734 € x 3,1 v.T. =	**222,38 €**

<u>Zu 3.</u>

222,38 € x 360 % =	**800,57 €**

5 Feststellungsarten

Fall 1:

	a)	b)	c)	d)	e)
letzter EW in DM	1.100.000	900.000	60.000	44.200	30.000
neuer Wert in DM	1.205.000	995.000	54.000	40.600	34.000
Wertabweichung	+ 105.000	+ 95.000	– 6.000	– 3.600	+ 4.000
Festgrenze überschritten	ja	nein	ja	nein	nein
Bruchteilsgrenze überschritten und Mindestgrenze erreicht		ja / ja		nein	ja / nein
Wertfortschreibung	**ja**	**ja**	**ja**	**nein**	**nein**

Fall 2:

1. Zum 1.1.2008 erfolgt eine **Zurechnungsfortschreibung** wegen Eigentümer-
   wechsels.

2. Zum 1.1.2009 erfolgt eine **Artfortschreibung**, weil aus dem gemischtgenutzten
   Grundstück ein Geschäftsgrundstück geworden ist.

3. Ebenfalls zum 1.1.2009 ist **möglicherweise** eine **Wertfortschreibung** vorzunehmen. Dies ist der Fall, wenn der neue Wert (= Einheitswert) den bisherigen um
   $1/10$, mindestens um 5.000 DM überschreitet.

Fall 3:

1. Auf den **1.1.2003** ist eine **Zurechnungsfortschreibung** vorzunehmen, weil sich die
   Eigentumsverhältnisse geändert haben.

2. Auf den **1.1.2009** ist eine **Art- und Wertfortschreibung** vorzunehmen.
   Durch den Ausbau des Dachgeschosses wurde aus dem Zweifamilienhaus ein
   Mietwohngrundstück. Durch den Ausbau hat sich der Wert um 27.700 DM, d.h. um
   22,99 % (= mehr als $1/10$ und mindestens 5.000 DM) erhöht.

6 Bedarfsbewertung des Grundvermögens für Zwecke der Erbschaft- und Schenkungsteuer

Fall 1:

		EUR
Bodenwert:		
Grundstücksfläche x Bodenrichtwert (1.440 qm x 400 €/qm)		576.000
Gebäudeertragswert:		
Rohertrag (übliche Miete)	73.440 €	
– Bewirtschaftungskosten lt. Anlage 23 (73.440 € x 21 %)	– 15.422 €	
= Reinertrag des Grundstücks	58.018 €	
– Bodenwertverzinsung (§ 188 Abs. 2 Nr. 1 BewG) (5 % von 576.000 €)	– 28.800 €	
= Gebäudereinertrag	29.218 €	
x Vervielfältiger lt. Anlagen 21 und 22 BewG (29.218 € x 19,37 bei einer RND von 71 Jahren)		565.953
= **Ertragswert**		**1.141.953**

Fall 2:

		EUR
Bodenwert:		
Grundstücksfläche x Bodenrichtwert (2.250 qm x 700 €/qm)		1.575.000
Gebäudesachwert:		
Regelherstellungskosten x Bruttogrundfläche Gebäude [1.010 €/qm lt. Anlage 24 (1.13) BewG x 500 qm]		
= Gebäudeherstellungswert	505.000 €	
– Alterswertminderung lt. Anlagen 21 und 22 BewG [505.000 € x 26,25 % (21 Jahre RND/80 Jahre GND)]	– 132.563 €	
= Gebäudesachwert		372.437
= vorläufiger Sachwert		1.947.437
x Wertzahl lt. Anlage 25 I. BewG (0,9)		
= **Sachwert**		**1.752.693**

E. Erbschaftsteuer

3 Bereicherung des Erwerbers

Fall

Zu 1.

Der Vorgang unterliegt gem. § 1 Abs. 1 Nr. 1 i.V.m. § 3 Nr. 1 ErbStG als **Erwerb von Todes wegen** (Erbanfall) der Erbschaftsteuer.
Die Söhne sind **unbeschränkt** steuerpflichtig i.S.d. § 2 Abs. 1 Nr. 1, da der Erblasser (Hans Alt) zum Zeitpunkt seines Todes Inländer gewesen ist.

Zu 2.

Die beiden Söhne haben für Zwecke der Erbschaftsteuer die **Steuerklasse I**.

Zu 3.

Die Söhne können **keine** sachlichen Steuerbefreiungen in Anspruch nehmen, vor allem nicht für Hausrat oder andere bewegliche Gegenstände.

Zu 4.

Die Bemessungsgrundlage ermittelt sich wie folgt:

Steuerwert des Nachlasses:	
Anteile an der Altbräu AG, Kurswert:	10.000.000 €
Barvermögen	150.000 €
Nachlassverbindlichkeiten:	
./. Erbfallverbindlichkeit (Auto):	15.000 €
./. Pauschbetrag für Erbfallkosten ohne Nachweis:	10.300 €
= Bereicherung des Erwerbers:	10.124.700 €

4 Steuerberechnung

Fall

Zu 1.

Wert der Bereicherung (50 %)	3.000.000 €
./. persönlicher Freibetrag gem. §16 ErbStG	500.000 €
./. besonderer Versorgungsfreibetrag gem.§17 ErbStG	256.000 €
= steuerpflichtiger Erwerb	2.244.000 €

Bei Steuerklasse I ist der relevante Erbschaftsteuertarif 19 %. Daraus ergibt sich eine Steuer in Höhe von **426.360 €**.

Zu 2.

Wert der Bereicherung je Sohn (10 %)	600.000 €
./. persönlicher Freibetrag gem. § 16 ErbStG	− 400.000 €
= steuerpflichtiger Erwerb	200.000 €

Es ist kein besonderer Versorgungsfreibetrag gem. § 17 ErbStG zu gewähren, da beide Söhne das 27. Lebensjahr bereits vollendet haben.

In der Steuerklasse I ist der relevante Erbschaftsteuertarif 11 %. Daraus ergibt sich eine Steuer in Höhe von **22.000 €**.

Zu 3.

Wert der Bereicherung je Enkel (2,5 %)	150.000 €
./. persönlicher Freibetrag gem. § 16 ErbStG 200.000 €, h.	− 150.000 €
= steuerpflichtiger Erwerb	0 €

Es ist kein besonderer Versorgungsfreibetrag gem. § 17 ErbStG zu gewähren, da die Enkel keine Kinder des Erblassers sind.

Steuer fällt keine an.

Zu 4.

Wert der Bereicherung des Cousins (2,5 %)	150.000 €
./. persönlicher Freibetrag gem. § 16 ErbStG	− 20.000 €
= steuerpflichtiger Erwerb	130.000 €

Es ist kein besonderer Versorgungsfreibetrag gem. § 17 ErbStG zu gewähren, da der Cousin kein Kind des Erblassers ist.

In der Steuerklasse II ist der relevante Erbschaftsteuertarif 30 %. Daraus ergibt sich eine Steuer in Höhe von **39.000 €**.

Zu 5.

Wert der Bereicherung der Geliebten (17,5 %)	1.050.000 €
./. persönlicher Freibetrag gem. § 16 ErbStG	− 20.000 €
= steuerpflichtiger Erwerb	1.030.000 €

Es ist kein besonderer Versorgungsfreibetrag gem. § 17 ErbStG zu gewähren, da die Geliebte keine Ehefrau des Erblassers ist.

In der Steuerklasse III ist der relevante Erbschaftsteuertarif 30 %. Daraus ergibt sich eine Steuer in Höhe von **309.000 €**.

Teil 2 Zusätzliche Fälle und Lösungen

A. Einkommensteuer

Fall:

Der vorsteuerabzugsberechtigte Einzelgewerbetreibende Karsten Huber, München, der seinen Gewinn nach § 5 EStG ermittelt, plant 2009 die Anschaffung eines Bürogeräts für 2012. Die Voraussetzungen des § 7g Abs. 1 EStG sind erfüllt. Nach vorliegendem Angebot wird der voraussichtliche Kaufpreis des Geräts brutto 285,60 € betragen. In 2009 nimmt Herr Huber, der bisher noch keine Investitionsabzugsbeträge gewinnmindernd abgezogen hat, den maximal möglichen Investitionsabzugsbetrag für dieses Gerät in Anspruch.

In 2012 erwirbt Herr Huber das Gerät für brutto 285,60 €. Die betriebsgewöhnliche Nutzungsdauer des Bürogeräts beträgt 7 Jahre.

1. Wie hoch ist der Investitionsabzugsbetrag in 2009?
2. Wie wird der Investitionsabzugsbetrag in 2009 berücksichtigt?
3. Wie wird der Investitionsabzugsbetrag im Jahr der Anschaffung (in 2012) berücksichtigt?
4. Wie hoch sind die Anschaffungskosten des Geräts in 2012?
5. Wie ist das Gerät in 2012 bilanziell zu behandeln?

Lösung:

---

zu 1.

Der **Investitionsabzugsbetrag** beträgt nach § 7g Abs. 1 Satz 1 EStG in 2009 **96 €** [40 % von 240 € (285,60 € : 1,19) = 96 €].

zu 2.

Der **Investitionsabzugsbetrag** ist in 2009 **außerbilanziell gewinnmindernd abzuziehen** (§ 7g Abs. 1 Satz 1 EStG).

zu 3.

Der **Investitionsabzugsbetrag** ist im Jahr der Anschaffung (in 2012) **gewinnerhöhend** außerhalb der Bilanz **hinzuzurechnen** (§ 7g Abs. 2 Satz 1 EStG).

zu 4.

Die (reduzierten) **Anschaffungskosten** des Geräts betragen **144 €**, wie die folgende Berechnung zeigt:

Kaufpreis (285,60 € brutto : 1,19) =	240 € netto
– Investitionsabzugsbetrag	– 96 €
= (reduzierte) Anschaffungskosten in 2012	144 €

zu 5.

Das **Gerät** ist in 2012 **zwingend** nach § 6 Abs. 2 EStG **als GWG abzuschreiben**, weil die Anschaffungskosten weniger als 150 Euro betragen.

Fall:

Der vorsteuerabzugsberechtigte Einzelgewerbetreibende Fritz Baden, Stuttgart, der seinen Gewinn nach § 5 EStG ermittelt, plant 2009 die Anschaffung eines Computers für 2012. Die Voraussetzungen des § 7g Abs. 1 EStG sind erfüllt. Nach vorliegendem Angebot wird der voraussichtliche Kaufpreis des Computers brutto 1.428 € betragen. In 2009 nimmt Herr Baden, der bisher noch keine Investitionsabzugsbeträge gewinnmindernd abgezogen hat, den maximal möglichen Investitionsabzugsbetrag für den Computer in Anspruch. Er möchte nicht die Sonderabschreibung nach § 7g Abs. 5 EStG geltend machen.
In 2012 erwirbt Herr Baden den Computer für brutto 1.428 €. Die betriebsgewöhnliche Nutzungsdauer des Computers beträgt 3 Jahre.

1. Wie hoch ist der Investitionsabzugsbetrag in 2009?
2. Wie wird der Investitionsabzugsbetrag in 2009 berücksichtigt?
3. Wie wird der Investitionsabzugsbetrag im Jahr der Anschaffung (in 2012) berücksichtigt?
4. Wie hoch sind die Anschaffungskosten des Computers in 2012?
5. Wie ist der Computer in 2012 steuerrechtlich zu behandeln?

Lösung:

zu 1.

Der **Investitionsabzugsbetrag** beträgt nach § 7g Abs. 1 Satz 1 EStG in 2009 **480 €** [40 % von 1.200 € (1.428 € : 1,19) = 480 €].

zu 2.

Der **Investitionsabzugsbetrag** ist in 2009 **außerbilanziell gewinnmindernd abzuziehen** (§ 7g Abs. 1 Satz 1 EStG).

zu 3.

Der **Investitionsabzugsbetrag** ist im Jahr der Anschaffung (in 2012) **gewinnerhöhend** außerhalb der Bilanz **hinzuzurechnen** (§ 7g Abs. 2 Satz 1 EStG).

zu 4.

Die (reduzierten) **Anschaffungskosten** des Computers betragen **720 €**, wie die folgende Berechnung zeigt:

Kaufpreis (1.428 € brutto : 1,19) =	1.200 € netto
– Investitionsabzugsbetrag	– 480 €
= (reduzierte) Anschaffungskosten in 2012	720 €

zu 5.

Der **Computer** ist in 2012 **zwingend** nach § 6 Abs. 2a Satz 2 EStG in einen **Sammelposten (Pool) einzustellen und auf fünf Jahre linear abzuschreiben**, unabhängig von der Nutzungsdauer des Computers. Die jährliche AfA beträgt von 2012 bis 2016 **144 €** (20 % von 720 €).

Fall:

Rüdiger Lorenz, Wuppertal, betreibt unter der Firma Bauunternehmung Rüdiger Lorenz
e. K. ein Baugeschäft. Die (vereinfachte) Bilanz zum 31.12.2009 weist folgende Werte
aus:

A	(vereinfachte) Bilanz zum 31. Dezember 2009		P
Anlagevermögen	800.000,00 €	Eigenkapital	180.000,00 €
Umlaufvermögen	50.000,00 €	Fremdkapital	670.000,00 €
	850.000,00 €		850.000,00 €

Herr Lorenz plant für das Jahr 2010 u. a. die folgenden Anschaffungen:

Nr.	Art des Wirtschaftsguts	voraussichtliche Anschaffungskosten
1.	neue Rüttelplatte (ND 11 Jahre)	14.000,00 €
2.	gebrauchter Lkw (ND 8 Jahre)	90.000,00 €
3.	Thermsteine, Zement etc.	320.000,00 €
4.	Lagerplatz	60.000,00 €
5.	Lagerhalle	160.000,00 €

Die voraussichtlichen Anschaffungskosten kann Herr Lorenz dem Grunde nach glaubhaft
darlegen und der Höhe nach mit Hilfe von Angeboten und Preislisten belegen.
Herr Lorenz, der bisher § 7g EStG noch nicht in Anspruch genommen hat, möchte bei
der steuerlichen Gewinnermittlung 2009 den maximal möglichen Investitionsabzugsbetrag geltend machen. Der Gewinn 2009 beträgt ohne Berücksichtigung des
Investitionsabzugsbetrages 240.000,00 €.

a) Kann Herr Lorenz für den Veranlagungszeitraum 2009 überhaupt einen Investitionsabzugsbetrag in Anspruch nehmen? Begründen Sie Ihre Antwort mit Hilfe des
   Gesetzes.

b) Unterstellen Sie, dass Herr Lorenz die Voraussetzungen des § 7g EStG für die
   Inanspruchnahme des Investitionsabzugsbetrages erfüllt. Ermitteln Sie den
   maximal möglichen Investitionsabzugsbetrag für das Jahr 2009. Begründen Sie
   Ihre Antwort mit Hilfe des Gesetzes.

c) Fortsetzung Aufgabe b). Auf welche Art und Weise und mit welcher Wirkung wird
   der Investitionsabzugsbetrag in 2009 berücksichtigt?

d) Fortsetzung Aufgabe a) + b). Herr Lorenz schafft die o. g. Wirtschaftsgüter
   (Nr. 1 bis 5) im Januar 2010 zu den in 2009 geplanten Kaufpreisen an.
   Auf welche Art und Weise muss Herr Lorenz diese Anschaffungen nach § 7 +
   § 7g EStG bei seiner steuerlichen Gewinnermittlung 2009 berücksichtigen, wenn
   er einen möglichst geringen steuerlichen Gewinn ausweisen möchte?

e) Welche Folgen ergeben sich, wenn Herr Lorenz in 2010 alle Wirtschaftsgüter
   außer der Rüttelplatte (Nr. 2 bis 5) anschafft?

Lösung:

zu a)

Nach § 7g Abs. 1 Satz 2 EStG kann Herr Lorenz den Investitionsabzugsbetrag im Jahr 2009 grundsätzlich in Anspruch nehmen, da er:
- das Größenmerkmal des § 7g Abs. 1 Satz 2 Nr. 1 Buchst. a EStG nicht überschreitet (das Betriebsvermögen beträgt nur 180.000,00 €, vgl. Bilanz 2009) und
- die Anschaffung für 2010 plant (§ 7g Abs. 1 Satz 2 Nr. 2 Buchst. a EStG) und
- die Verbleibensvoraussetzungen des § 7g Abs. 1 Satz 2 Nr. 2 Buchst. b EStG voraussichtlich erfüllen wird.

zu b)

Bei der geplanten Anschaffung muss es sich nach § 7g Abs. 1 Satz 1 EStG um ein **abnutzbares bewegliches Wirtschaftsgut des Anlagevermögens** handeln. § 7g Abs. 1 Satz 1 EStG schreibt nicht vor, dass es sich um ein neues Wirtschaftsgut handeln muss, d. h. es wird **auch** die Anschaffung **gebrauchter** Gegenstände gefördert. Herr Lorenz kann die folgenden maximalen Investitionsabzugsbeträge in Anspruch nehmen:

Nr.	Art des Wirtschaftsguts	voraussichtliche AK	Vermögensart	max. IAB
1.	neue Rüttelplatte	14.000,00 €	abn. bew. AV	**5.600,00 €**
2.	gebrauchter Lkw	90.000,00 €	abn. bew. AV	**36.000,00 €**
3.	Thermsteine, Zement etc.	320.000,00 €	UV	**0,00 €**
4.	Lagerplatz	60.000,00 €	nabn.unbew.AV	**0,00 €**
5.	Lagerhalle	160.000,00 €	abn.unbew. AV	**0,00 €**
	Summe			**41.600,00 €**

zu c)

Der Investitionsabzugsbetrag wird **außerbilanziell gewinnmindernd** berücksichtigt, d. h. es erfolgt keine Aufwandsbuchung/Rücklagenbildung in der Finanzbuchhaltung. Der Gewinn wird außerhalb der Buchführung/Bilanz wie folgt ermittelt:

	Gewinn vor Berücksichtigung der Investitionsabzugsbeträge	240.000,00 €
−	Summe der Investitionsabzugsbeträge	− 41.600,00 €
=	steuerlicher Gewinn 2009	**198.400,00 €**

zu d)

Der in 2009 in Anspruch genommene Investitionsabzugsbetrag wird in 2010 nach § 7g Abs. 2 Satz 1 EStG **außerbilanziell gewinnerhöhend** berücksichtigt, d. h. der Gewinn laut Finanzbuchhaltung 2010 ist um 41.600,00 € zu erhöhen (keine Ertragsbuchung).
[Hinweis: Der Hinzurechnungsbetrag beträgt 40 % der **tatsächlichen** Anschaffungs- bzw. Herstellungskosten und **darf** den Betrag des **Investitionsabzugsbetrages nicht übersteigen**.]

Außerdem sind die **Anschaffungskosten** nach § 7g Abs. 2 Satz 2 EStG um die jeweils in Anspruch genommenen Investitionsabzugsbeträge durch **Aufwandsbuchung** bilanziell in der Finanzbuchhaltung zu **kürzen**, d. h. es tritt eine gewinnmindernde Wirkung ein.

Wirtschaftsgut	Anschaffungskosten	40 %-Kürzung	reduzierte AK
neue Rüttelplatte	14.000,00 €	5.600,00 €	**8.400,00 €**
gebrauchter Lkw	90.000,00 €	36.000,00 €	**54.000,00 €**

[Hinweis: Die 40 % **Kürzung** darf den **Hinzurechnungsbetrag** des Jahres **nicht übersteigen**.]

Darüber hinaus kann Herr Lorenz nach § 7g Abs. 5 i. V. m. Abs. 6 EStG für die neue Rüttelplatte und den gebrauchten Lkw jeweils bis zu **20 % Sonderabschreibung** in Anspruch nehmen, da er das **Größenmerkmal „Betriebsvermögen 2009 = 335.000,00 Euro" erfüllt** (Betriebsvermögen 2009 lt. Sachverhalt 180.000,00 €). Die Sonderabschreibung kann direkt in voller Höhe im Jahr der Anschaffung (VZ 2010) in Anspruch genommen werden. Herr Lorenz hat aber auch die Option, die 20 % Sonderabschreibung auf das Jahr der Anschaffung und die vier Folgejahre (VZ 2010 – 2014) zu verteilen. Die prozentuale Aufteilung des Gesamtbetrages von 20 % bestimmt Herr Lorenz selbst.

Die **reduzierten Anschaffungskosten** stellen die **Bemessungsgrundlage** für die **Sonderabschreibung** sowie für die **planmäßige degressive Abschreibung dar** (§ 7g Abs. 2 Satz 2 EStG). Die zukünftige planmäßige degressive AfA fällt somit geringer aus (§ 7 Abs. 2 Satz 2 EStG).

Da Herr Lorenz einen möglichst geringen Gewinnausweis anstrebt, wird er im VZ 2010 die folgenden Abschreibungen vornehmen:

Wirtschaftsgut	reduzierte AK	Sonder-AfA (20 %)	degressive AfA
neue Rüttelplatte (ND 11 J.)	8.400,00 €	**1.680,00 €**	**1.909,00 €**
gebrauchter Lkw (ND 8 J.)	54.000,00 €	**10.800,00 €**	**13.500,00 €**

zu e)

Wenn Herr Lorenz die Rüttelplatte innerhalb des Investitionszeitraums des § 7g Abs. 1 Satz 2 Nr. 2 Buchst. b EStG (d. h. bis spätestens 2012) **nicht** anschafft, wird die Inanspruchnahme des Investitionsabzugsbetrages 2009 rückwirkend versagt, d. h. es kommt zu einer **Gewinnkorrektur des Jahres 2009** („Rückgängigmachung" nach § 7g Abs. 3 Satz 1 EStG). Der Gewinn 2009 wird um den in 2009 abgezogenen Investitionsabzugsbetrag wie folgt erhöht:

	Gewinn nach Berücksichtigung der Investitionsabzugsbeträge	198.400,00 €
+	Investitionsabzugsbetrag Rüttelplatte	+ 5.600,00 €
=	rückwirkend korrigierter steuerlicher Gewinn 2009	204.000,00 €

Der **Steuerbescheid 2009** ist insoweit **zu ändern**. Es kommt zu einer Nachversteuerung der 5.600,00 € sowie i. d. R. zu einer Verzinsung nach § 233a AO.

Fall:

Einzelhändler Rolf Neuser, Bonn, ermittelt seinen Gewinn durch Betriebsvermögens-vergleich. Er erfüllt im VZ 2009 die Voraussetzungen des § 7g Abs. 1 EStG. Herr Neuser plant im Dezember 2009 u. a. die Anschaffung eines neuen Tischkopiergerätes für das Jahr 2010. Das Gerät soll laut Angebot eines Elektrohändlers brutto 285,60 € kosten. Im März 2010 kauft Herr Neuser dieses Kopiergerät zum angebotenen Preis. Die betriebsgewöhnliche Nutzungsdauer beträgt 7 Jahre. Herr Neuser möchte in den Jahren 2009 und 2010 jeweils einen möglichst geringen steuerlichen Gewinn ausweisen.

Erläutern Sie die Auswirkung des Kopiergerätekaufs auf die steuerlichen Gewinne der Jahre 2009 und 2010. Begründen Sie Ihre Antwort mit Hilfe des Gesetzes.

Lösung:

Gewinnauswirkung im VZ 2009

Da Herr Neuser die Voraussetzungen des § 7g Abs. 1 EStG erfüllt, kann er für die geplante Anschaffung des Kopiergerätes einen **Investitionsabzugsbetrag** in Höhe von 40 % der voraussichtlichen Anschaffungskosten (40 % von 240,00 € = **96,00 €**) in Anspruch nehmen. Der **steuerliche Gewinn** wird **außerbilanziell** um **96,00 € reduziert**.

Gewinnauswirkung im VZ 2010

Herr Neuser muss im Jahr der Anschaffung den **Gewinn** um **96,00 € außerbilanziell erhöhen** (§ 7g Abs. 2 Satz 1 EStG). Außerdem muss er die **Anschaffungskosten** des Kopiergerätes mittels Aufwandsbuchung **bilanziell** um **96,00 € reduzieren** (§ 7g Abs. 2 Satz 2 EStG).

Anschaffungskosten	240,00 €
– Kürzung in Höhe des Investitionsabzugsbetrags	– 96,00 €
= reduzierte Anschaffungskosten	**144,00 €**

Die Anschaffungskosten haben sich durch die Kürzung gem. § 7g Abs. 2 Satz 2 EStG von 240,00 € auf 144,00 € reduziert, d. h. der Tischkopierer verändert hier-durch bewertungsrechtlich seine Eigenschaft wie folgt:

*Wandel vom „Pool-GWG" i. S. d. § 6 Abs. 2a EStG (Anschaffungskosten > 150,00 Euro, jedoch ≤ 1.000,00 Euro), das über 5 Jahre abzuschreiben ist, **zu einem sofort voll abschreibungsfähigen GWG i. S. d. § 6 Abs. 2 EStG** (Anschaffungskosten ≤ 150,00 Euro).*

Es kommt zu einer maximalen gewinnmindernden Wirkung in Höhe der ursprünglichen Anschaffungskosten (240,00 €). Außerdem entfällt der verwaltungstechnische Aufwand der Poolbildung/Pool-AfA.

Fall:

Einzelhändler Rolf Neuser, Bonn, ermittelt seinen Gewinn durch Betriebsvermögensvergleich. Er erfüllt im VZ 2009 die Voraussetzungen des § 7g Abs. 1 EStG. Im März 2010 erwirbt Herr Neuser eine neue Registrierkasse für netto 3.600,00 €. Die betriebsgewöhnliche Nutzungsdauer beträgt 6 Jahre. Herr Neuser hat für dieses Investitionsobjekt in den Vorjahren keine Vergünstigung durch § 7g EStG in Anspruch genommen. Herr Neuser möchte im VZ 2010 einen möglichst geringen steuerlichen Gewinn ausweisen.

Erläutern Sie die Auswirkung des Registrierkassenkaufs auf den steuerlichen Gewinn des Jahres 2010. Begründen Sie Ihre Antwort mit Hilfe des Gesetzes.

Lösung:

Da Herr Neuser die Voraussetzungen des § 7g Abs. 6 EStG erfüllt, kann er im Jahr der Anschaffung der Registrierkasse eine **Sonderabschreibung** in Höhe von 20 % der Anschaffungskosten gem. § 7g Abs. 5 EStG vornehmen (20 % von 3.600,00 € = **720,00 €**).

Die Inanspruchnahme der Sonderabschreibung ist nicht von der Inanspruchnahme eines Investitionsabzugsbetrages in 2009 abhängig. Die beiden Fördermechanismen **„Investitionsabzugsbetrag und Sonderabschreibung" sind voneinander unabhängig**.

Außerdem kann Herr Neuser die **zeitanteilige degressive AfA** nach § 7 Abs. 2 Satz 2 EStG in Anspruch nehmen (3.600,00 € x 25 % x 10/12 = **750,00 €**).

Die **Sonderabschreibung** und die **zeitanteilige AfA** sind **bilanziell** vorzunehmen.

Die **außerbilanzielle** Hinzurechnung sowie die Kürzung der Anschaffungskosten sind aufgrund des fehlenden Investitionsabzugsbetrages **nicht** vorzunehmen (§ 7g Abs. 2 EStG).

Fall:

Einzelhändler Alois Theis, München, ermittelt seinen Gewinn durch Betriebsvermögensvergleich. Er erfüllt im VZ 2009 die Voraussetzungen des § 7g Abs. 1 EStG.
Herr Theis plant im Dezember 2009 u. a. die Anschaffung einer neuen Registrierkasse
für das Jahr 2010. Die Kasse soll laut Angebot eines Händlers netto 4.000,00 € kosten.
Im Januar 2010 kauft Herr Theis die Kasse zum Preis von netto 3.600,00 €. Die
betriebsgewöhnliche Nutzungsdauer beträgt 6 Jahre. Herr Theis möchte in den Jahren
2009 und 2010 jeweils einen möglichst geringen steuerlichen Gewinn ausweisen.

Erläutern Sie die Auswirkung des Registrierkassenkaufs auf den steuerlichen Gewinn
der Jahre 2009 und 2010. Begründen Sie Ihre Antwort mit Hilfe des Gesetzes.

Lösung:

Gewinnauswirkung im VZ 2009

Da Herr Theis die Voraussetzungen des § 7g Abs. 1 EStG erfüllt, kann er für die geplante Anschaffung einen **Investitionsabzugsbetrag** in Höhe von 40 % der voraussichtlichen Anschaffungskosten (40 % von 4.000,00 € = **1.600,00 €**) in Anspruch
nehmen. Der **steuerliche Gewinn** wird **außerbilanziell** um **1.600,00 € reduziert**.

Gewinnauswirkung im VZ 2010

Herr Theis muss im Jahr der Anschaffung den **Gewinn um 40 % der tatsächlich
angefallenen Anschaffungskosten (40 % von 3.600,00 € = 1.440,00 €) außerbilanziell erhöhen** (§ 7g Abs. 2 Satz 1 EStG). Außerdem muss er die **Anschaffungskosten** der Registrierkasse mittels Aufwandsbuchung **bilanziell um 1.440,00 €
reduzieren** (§ 7g Abs. 2 Satz 2 EStG).

Anschaffungskosten	3.600,00 €
– Kürzung (40 % von 3.600 €)	– 1.440,00 €
= reduzierte Anschaffungskosten	**2.160,00 €**

Herr Theis kann zusätzlich gem. § 7g Abs. 5 + 6 EStG eine **Sonderabschreibung** in
Höhe von 20 % der reduzierten Anschaffungskosten vornehmen (20 % von 2.160,00 €
= **432,00 €**).

Außerdem kann Herr Theis die **degressive AfA** .nach § 7 Abs. 2 Satz 2 EStG in
Anspruch nehmen (2.160,00 € x 25 % = **540,00 €**).

Zusätzliche Gewinnauswirkung im VZ 2009

Da die geplanten Anschaffungskosten **über** den tatsächlichen Anschaffungskosten
liegen, hat Herr Theis im VZ 2009 einen zu hohen Investitionsabzugsbetrag in
Anspruch genommen. Es kommt zu einer **rückwirkenden Korrektur (Kürzung)
des Investitionsabzugsbetrages 2009** (40 % von 400,00 € = 160,00 €). Der Gewinn
2009 steigt um 160,00 € (§ 7g Abs. 3 Satz 1 EStG).

Fall:

Einzelhändler Alois Theis, München, ermittelt seinen Gewinn durch Betriebsvermögensvergleich. Er erfüllt im VZ 2009 die Voraussetzungen des § 7g Abs. 1 EStG.
Herr Theis plant im Dezember 2009 u. a. die Anschaffung einer neuen Registrierkasse
für das Jahr 2010. Die Kasse soll laut Angebot eines Händlers netto 3.600,00 € kosten.
Im Januar 2010 kauft Herr Theis die Kasse zum Preis von netto 4.000,00 €. Die
betriebsgewöhnliche Nutzungsdauer beträgt 6 Jahre. Herr Theis möchte in den Jahren
2009 und 2010 jeweils einen möglichst geringen steuerlichen Gewinn ausweisen.

Erläutern Sie die Auswirkung des Registrierkassenkaufs auf den steuerlichen Gewinn
der Jahre 2009 und 2010. Begründen Sie Ihre Antwort mit Hilfe des Gesetzes.

Lösung:

Gewinnauswirkung im VZ 2009

Da Herr Theis die Voraussetzungen des § 7g Abs. 1 EStG erfüllt, kann er für die
geplante Anschaffung einen **Investitionsabzugsbetrag** in Höhe von 40 % der
voraussichtlichen Anschaffungskosten (40 % von 3.600,00 € = 1.440,00 €) in
Anspruch nehmen. Der **steuerliche Gewinn** wird **außerbilanziell** um **1.440,00 €**
reduziert.

Gewinnauswirkung im VZ 2010

Herr Theis muss im Jahr der Anschaffung den **Gewinn um** 40 % der tatsächlich
angefallenen Anschaffungskosten, jedoch höchstens um den in Anspruch genommenen **Investitionsabzugsbetrag (40 % von 3.600,00 € = 1.440,00 €) außerbilanziell erhöhen** (§ 7g Abs. 2 Satz 1 EStG).
Außerdem muss er die **Anschaffungskosten** der Registrierkasse in Höhe des
Hinzurechnungsbetrages mittels Aufwandsbuchung **bilanziell** um **1.440,00 €**
reduzieren (§ 7g Abs. 2 Satz 2 EStG).

Anschaffungskosten	4.000,00 €
− Kürzung (40 % von 3.600 €)	− 1.440,00 €
= reduzierte Anschaffungskosten	**2.560,00 €**

Herr Theis kann zusätzlich gem. § 7g Abs. 5 und 6 EStG eine **Sonderabschreibung**
in Höhe von 20 % der reduzierten Anschaffungskosten vornehmen (20 % von
2.560,00 € = **512,00 €**).

Außerdem kann Herr Theis die **degressive AfA** .nach § 7 Abs. 2 Satz 2 EStG in
Anspruch nehmen (2.560,00 € x 25 % = **640,00 €**).

Fall:

Schreinermeister Wirtz, Köln, ermittelt seinen Gewinn nach § 4 Abs. 3 EStG. Im Veranlagungszeitraum 2009 haben seine aufgezeichneten Betriebseinnahmen 99.975 € und seine aufgezeichneten Betriebsausgaben 40.060 € betragen. Wirtz versteuert seine Umsätze nach vereinnahmten Entgelten.

Prüfen Sie die folgenden Sachverhalte und ermitteln Sie den berichtigten Gewinn nach § 4 Abs. 3 EStG. Wahlrechte sind so auszuüben, dass die geringste steuerliche Belastung entsteht.

1. Wirtz hat am 18.10.2009 Waren zum Nettoeinkaufspreis (Teilwert) von 500 € entnommen. Er hat 500 € als Betriebseinnahme angesetzt.

2. Wirtz hat am 16.10.2009 einem Geschäftsfreund einen Blumenstrauß geschenkt. Die Rechnung über 32,10 € (einschl. 7 % USt) hat er bar bezahlt, jedoch nicht als Betriebsausgabe abgesetzt.

3. Im Veranlagungszeitraum 2009 sind Forderungsausfälle in Höhe von 1.190 € eingetreten. Wirtz hat 1.190 € als Betriebsausgabe abgesetzt.

4. Wirtz hat am 31.12.2009 seiner Bank den Auftrag erteilt, eine Fachbuchrechnung über 141,65 € zu überweisen. Die Bank führt am 4.1.2010 den Auftrag aus. Wirtz hat 141,65 € als Betriebsausgabe in 2009 abgesetzt.

5. Wirtz hat am 11.1.2009 ein Grundstück, das ausschließlich betrieblich genutzt wird, für 20.000 € erworben. Da er den Kaufpreis im Jahre 2009 bar gezahlt hat, hat er 20.000 € als Betriebsausgabe abgesetzt.

6. Wirtz hat im Monat Januar 2009 ein Darlehen in Höhe von 20.000 € zur Finanzierung des Grundstücks aufgenommen. Die Bank hat 1.000 € Bearbeitungsgebühren einbehalten. Wirtz hat 19.000 € als Betriebseinnahme angesetzt.

7. Wirtz hat am 31.12.2009 Zinsen für das aufgenommene Darlehen in Höhe von 1.500 € gezahlt. Da 100 € wirtschaftlich dem Jahr 2009 zuzurechnen sind, hat er nur 1.400 € als Betriebsausgabe in 2009 abgesetzt.

8. Wirtz erhält am 18.8.2009 von einem Kunden eine am 11.8.2009 ausgelieferte Warensendung zurück. Der Rechnungsbetrag lautet über 3.570 € (3.000 € + 570 € USt). Weder die Lieferung noch die Rücksendung sind bisher erfasst worden.

Lösung:

Nr.	Vorgänge	Betriebs- einnahmen + EUR	Betriebs- einnahmen ./. EUR	Betriebs- ausgaben + EUR	Betriebs- ausgaben ./. EUR
	Ausgangswerte	99.975,00		40.060,00	
1.	Sachentnahme wurde richtig als BE angesetzt. Die USt auf die un- entg. L. ist noch nicht berücksichtigt. 19 % von 500 € = 95 €	95,00			
2.	Wirtz kann 32,10 € als BA absetzen (§ 4 Abs. 5 Nr. 1).			32,10	
3.	Forderungsausfälle sind keine BA; Der Einkauf der Ware, dem kein entsprechender Erlös beim Ver- kauf gegenübersteht, hat sich ge- winnmindernd ausgewirkt.				1.190
4.	Er kann die Fachbuchrechnung 2009 als BA absetzen [H 11 (Über- weisung) EStH].				
5.	Ausgaben für die Anschaffung von WG des nicht abnutzbaren AV können erst im Zeitpunkt ihrer Veräußerung oder Entnahme als BA abgesetzt werden.				20.000
6.	Darlehnsaufnahme stellt keine BE dar. Bearbeitungsgebühren sind BA.		19.000		1.000,00
7.	Bezahlte Zinsen sind als regel- mäßig wiederkehrende BA richtig berücksichtigt (§ 11).				
8.	Lieferung und Rücksendung wurden richtig behandelt.				
		100.070,00	19.000	41.092,10	21.190
	./.	19.000,00	⟵	21.190,00	⟵
	Betriebseinnahmen	81.070,00		19.902,10	
	– Betriebsausgaben	19.902,10	⟵		
	= **berichtigter Gewinn**	**61.167,90**			

Fall:

Erstellen Sie für die Blumenhändlerin Helga Huber aus Passau die Einnahmenüberschussrechnung nach § 4 Abs. 3 EStG für 2009. Es ergeben sich bisher Betriebseinnahmen in Höhe von 101.108,48 € und Betriebsausgaben von 87.055,30 €. Die Voraussetzungen des § 7g EStG sind erfüllt. Die Steuerpflichtige versteuert ihre Umsätze nach den allgemeinen Vorschriften des UStG.

Prüfen Sie die folgenden Sachverhalte und ermitteln Sie nach dem Schema von Seite 131 des Lösungsbuches den berichtigten Gewinn. Der ermittelte Gewinn ist so niedrig wie möglich zu halten.

1. Am 31.12.2009 zahlte ein Kunde mit Scheck. Frau Huber reichte den Scheck in Höhe von 55,00 € am 04.01.2010 bei der Bank ein, die ihn mit Wertstellung vom 06.01.2010 gutschrieb. Der Betrag wurde in 2010 als Betriebseinnahme angesetzt.

2. Die Rate für ein betriebliches Darlehen in Höhe von 850,00 € für IV/09 wurde am 08.01.2010 dem Geschäftskonto belastet und in 2010 als Betriebsausgabe abgesetzt. Im Betrag sind 500,00 € Tilgung enthalten.

3. Bei einem Geschäftsessen mit einem guten Kunden hat Frau Huber die ordnungsgemäße und angemessene Rechnung in Höhe von 107,10 € brutto bar bezahlt. Bisher wurde nichts aufgezeichnet.

4. Da Frau Huber zum Valentinstag zu viele Blumen eingekauft hatte, musste sie 30 Sträuße statt für je 25,00 € für je 10,00 € verkaufen. Sie hat 300,00 € als Betriebseinnahmen erfasst.

5. Am 29.12.2009 wurden Pflanzen im Wert von 1.070,00 € brutto geliefert. Mangels genügend Bargeld wurde die vorliegende Rechnung bei Lieferung durch Barzahlung in Höhe von 500,00 € und der Rest in Höhe von 570,00 € am 05.01.2010 durch Überweisung beglichen. Bisher wurde nichts aufgezeichnet.

6. Im September 2009 wurde eine neue Ladeneinrichtung geliefert und eingebaut, Nutzungsdauer 10 Jahre. Folgende Rechnungen wurden noch nicht berücksichtigt: Rechnung der Firma Kunz über Ladeneinrichtung in Höhe von 3.000,00 € + 19 % USt. Die Rechnung wurde unter Abzug von 3 % Skonto am 25.09.2009 sofort bar bezahlt. Rechnung der Firma Elektro-Meier für die Installation der Ladeneinrichtung in Höhe von 450,00 € + 19 % USt, ebenfalls am 25.09.2009 bar bezahlt. Die Vorsteuer wurde ordnungsgemäß aufgezeichnet.
   In der Gewinnermittlung 2008 wurde für die Ladeneinrichtung ein Investitionsabzugsbetrag in Höhe von 1.200,00 € als Betriebsausgabe abgesetzt.

7. Frau Huber nutzt ihren Pkw überwiegend betrieblich, führt aber kein Fahrtenbuch. Der Listenpreis des Pkw betrug bei Anschaffung 29.080,00 € brutto. Die Anschaffungskosten betrugen am 04.01.2009 24.000,00 € bei einer Nutzungsdauer von 6 Jahren. Für 2009 ist noch nichts berücksichtigt.

8. Im August wurde die Schaufensterscheibe eingeschlagen. Die Reparaturkosten von 1.500,00 € + USt wurden durch Banküberweisung bezahlt und richtig aufgezeichnet. Die Versicherung erstattete 1.500,00 €. Der Vorgang ist noch nicht berücksichtigt.

9. Allen Kunden, die am 22.12.2009 in den Laden kamen, schenkte Frau Huber einen kleinen Weihnachtsstern (Pflanze). Insgesamt verschenkte sie 40 Stück, die sie für je 1,00 € netto eingekauft hatte. Dieser Betrag ist in den Betriebsausgaben 2009 enthalten.

10. Einer guten Kundin schenkte Frau Huber zum Geburtstag einen Blumenstrauß, den sie für 50,00 € + USt gekauft hatte. Auch dieser Betrag ist in den Betriebsausgaben 2009 enthalten.

Lösung:

Nr.	Vorgänge	Betriebs- einnahmen + EUR	Betriebs- einnahmen ./. EUR	Betriebs- ausgaben + EUR	Betriebs- ausgaben ./. EUR
	Ausgangswerte	101.108,48		87.055,30	
1.	Scheckeingang = Zahlung [H 11 (Scheck, Scheckkarte) EStH]	55,00			
2.	Zinsen = BA (§ 11 EStG, 10 Tage Regel)			350,00	
3.	70 % von 90 € = 63,00 € (§ 4 Abs. 5 Nr. 2 EStG) gesamte Vorsteuer = BA (§ 15 Abs. 1a Satz 2 UStG)			63,00 17,10	
4.	BE richtig erfasst.				
5.	Abfluss 2009 (§ 11 EStG) [H (Überweisung) EStH]			500,00	
6.	AK Ladeneinrichtung: netto (3.000 – 90) 2.910,00 € Elektroinstallation 450,00 € AK 3.360,00 € degr. AfA: 25 % von 3.360 € x 4/12 Sonderabschreibung nach § 7g EStG Auflösung Investitionsabzugsbetrag	1.200,00		280,00 672,00	
7.	degressive AfA: 25 % v. 24.000 € 1 % von 29.000 € x 12 davon 80 % 20 % von 3.480 € 19 % USt von 2.784 €	2.784,00 696,00 528,96		6.000,00	
8.	Versicherung = BE	1.500,00			
9.	Geschenke = BA (§ 4 Abs. 5 Nr. 1)				
10.	Blumenstrauß über 35 Euro keine Betriebsausgabe (§ 4 Abs. 5 Nr. 1)				53,50
		107.872,44 0,00	0,00	94.937,40 53,50	53,50
	Betriebseinnahmen	107.872,44		94.883,90	
	– Betriebsausgaben	94,883,90			
	= **berichtigter Gewinn**	**12.988,54**			

Fall:

Der Schriftsteller Michael Bach, Koblenz, Steuernummer 22/220/1046/3, ermittelt seinen Gewinn nach § 4 Abs. 3 EStG.
Folgende Sachverhalte hat Herr Bach in 2009 aufgezeichnet. Herr Bach möchte einen möglichst geringen steuerlichen Gewinn erzielen.
Seine Umsätze versteuert er zu 7 % nach den allgemeinen Vorschriften des UStG.
Sonderabschreibungen sollen nicht vorgenommen werden.

1. Die Honorareinnahmen des Herrn Bach haben 190.203 € betragen.

2. An Umsatzsteuer hat Herr Bach an das Finanzamt 9.512 € abgeführt.

3. Für die Nutzung eines zum Betriebsvermögens gehörenden Gebäudes erzielte Herr Bach Mieteinnahmen einschließlich der umlagefähigen Kosten (Nebenkosten) in Höhe von 14.400 €.

4. Die umlagefähigen Kosten für das vermietete Gebäude betrugen 4.150 €.

5. An Darlehenszinsen sind für das Gebäude 8.291 € angefallen.

6. An Personalkosten sind für eine geringfügig entlohnte Beschäftigte folgende Beträge angefallen:

$$
\begin{array}{ll}
400,00 \text{ € x } 12 = & 4.800,00 \text{ €} \\
123,08 \text{ € x } 12 = & 1.476,96 \text{ €} \\
\hline
\text{insgesamt} & 6.276,96 \text{ €}
\end{array}
$$

7. Die AfA auf unbewegliche Wirtschaftsgüter betrug lt. Anlagenverzeichnis 36.744,80 €.

8. Die AfA auf bewegliche Wirtschaftsgüter betrug lt. Anlagenverzeichnis 10.000 €.

9. Für Porto, Telefon und Bürokosten hat Herr Bach 2.821,26 € gezahlt.

10. Für Fachbücher und Fachzeitschriften sind 3.680 € angefallen.

11. Am 28.12.2009 kaufte Herr Bach einen Bürostuhl (Nutzungsdauer 13 Jahre) für 415 € + USt. Er bezahlte sofort mit Bankscheck unter Abzug von 3 % Skonto. Die Belastung auf dem betrieblichen Bankkonto erfolgte am 4.1.2010.

12. Zu Weihnachten hat Herr Bach seinem Verlags-Lektor ein Geschenk im Wert von 33,60 € gemacht.

a) Wie hoch ist der steuerrechtliche Gewinn für Michael Bach im VZ 2009?

b) Besorgen Sie sich eine Anlage EÜR zur Einkommensteuererklärung 2009 und tragen Sie die Sachverhalten in die Anlage ein.

Lösung:

zu a)

Nr.	Vorgänge	Betriebs-einnahmen EUR	Betriebs-ausgaben EUR
1.	Honorareinnahmen	190.203,00	
2.	Umsatzsteuer		9.512,00
3.	Mieteinnahmen einschließlich Nebenkosten	14.400,00	
4.	umlagefähige Kosten		4.150,00
5.	Darlehenszinsen		8.291,00
6.	Personalkosten für geringfügig entlohnte Beschäftigte: 400,00 € x 12 = 4.800,00 € 123,08 € x 12 = 1.476,96 € insgesamt 6.276,96 €		6.276,96
7.	AfA auf unbewegliche Wirtschaftgüter		36.744,80
8.	AfA auf bewegliche Wirtschaftgüter		10.000,00
9.	Porto, Telefon und Büromaterial		2.821,26
10.	Fachbücher und Fachzeitschriften		3.680,00
11.	Bürostuhl: netto 415,00 € − 3 % Skonto 12,45 € = AK 402,55 € Vorsteuer (402,55 € x 19 % = 76,48 €) = BA		76,48
	Der Bürostuhl ist zwingend nach § 6 Abs. 2a EStG in einen Sammelposten einzustellen und auf fünf Jahre abzuschreiben (§ 6 Abs. 2a EStG): 20 % von 402,55 € = 80,51 €		80,51
12.	Geschenk unter 35 Euro ist eine Betriebsausgabe (§ 4 Abs. 5 Nr. 1 EStG)		33,60
	Summe	204.603,00	81.666,61

Betriebseinnahmen	204.603,00 €
− Betriebsausgaben	81.666,61 €
= Gewinn	**122.936,39 €**

zu b)

2009

Name/Gesellschaft/Gemeinschaft/Körperschaft

1 **B a c h**

Vorname

2 **M i c h a e l**

Anlage EÜR

Bitte für jeden Betrieb eine
gesonderte Anlage EÜR einreichen!

3 (Betriebs-)Steuernummer **2 2 / 2 2 0 / 1 0 4 6 / 3**

| 77 | 09 | 1 |

Einnahmenüberschussrechnung

nach § 4 Abs. 3 EStG für das Kalenderjahr 2009 Beginn Ende

| 99 | 15 |

3a **davon abweichend** 131 **2 0 0 9** 132

Allgemeine Angaben zum Betrieb

Art des Betriebs

Zuordnung
zur Einkunftsart
(siehe Anleitung)

4 100 **s c h r i f t s t . T ä t i g k e i t** 105

5 Im Kalenderjahr/Wirtschaftsjahr wurde der Betrieb veräußert oder aufgegeben 111 Ja = 1

6 Im Kalenderjahr/Wirtschaftsjahr wurden Grundstücke/grundstücksgleiche Rechte entnommen oder veräußert 120 Ja = 1 oder Nein = 2

1. Gewinnermittlung | 99 | 20 |

Betriebseinnahmen EUR Ct

7 Betriebseinnahmen als umsatzsteuerlicher **Kleinunternehmer** 111

8 davon aus Umsätzen, die in § 19 Abs. 3 Nr. 1 und 2 UStG bezeichnet sind 119 (weiter ab Zeile 13)

9 Betriebseinnahmen als **Land- und Forstwirt**, soweit die Durchschnittssatzbesteuerung nach § 24 UStG angewandt wird 104 **1 9 0 2 0 3 0 0**

10 **Umsatzsteuerpflichtige Betriebseinnahmen** 112 **1 4 4 0 0 0 0**

11 Umsatzsteuerfreie, nicht umsatzsteuerbare Betriebseinnahmen sowie Betriebseinnahmen, für die der Leistungsempfänger die Umsatzsteuer nach § 13b UStG schuldet 103

11a davon Kapitalerträge 113

12 Vereinnahmte Umsatzsteuer sowie Umsatzsteuer auf unentgeltliche Wertabgaben 140

13 Vom Finanzamt erstattete und ggf. verrechnete Umsatzsteuer 141

14 Veräußerung oder Entnahme von Anlagevermögen 102

15 Private Kfz-Nutzung 106

16 Sonstige Sach-, Nutzungs- und Leistungsentnahmen 108

17 Auflösung von Rücklagen, Ansparabschreibungen für Existenzgründer und/oder Ausgleichsposten (Übertrag von Zeile 73)

18 **Summe Betriebseinnahmen** 159 **2 0 4 6 0 3 0 0**

| 99 | 25 |

Betriebsausgaben EUR Ct

19 Betriebsausgabenpauschale **für bestimmte Berufsgruppen** und / oder Freibetrag nach § 3 Nr. 26 und 26a EStG 190

20 Sachliche Bebauungskostenpauschale (für Weinbaubetriebe)/ Betriebsausgabenpauschale für **Forstwirte** 191

21 **Waren, Rohstoffe und Hilfsstoffe einschl. der Nebenkosten** 100

22 Bezogene Leistungen (z.B. Fremdleistungen) 110

23 Ausgaben für eigenes Personal (z.B. Gehälter, Löhne und Versicherungsbeiträge) 120 **6 2 7 6 9 6**

Absetzung für Abnutzung (AfA)

24 AfA auf unbewegliche Wirtschaftsgüter (ohne AfA für das häusliche Arbeitszimmer) 136 **3 6 7 4 4 8 0**

25 AfA auf immaterielle Wirtschaftsgüter (z.B. erworbene Firmen-, Geschäfts- oder Praxiswerte) 131

26 AfA auf bewegliche Wirtschaftsgüter (z.B. Maschinen, Kfz) 130 **1 0 0 0 0 0 0**

Übertrag (Summe Zeilen 19 bis 26) **5 3 0 2 1 7 6**

(Betriebs-)Steuernummer	22/220/1046/3		EUR	Ct
	Übertrag (Summe Zeilen 19 bis 26)		5 3 0 2 1	7 6

			EUR	Ct
30	Sonderabschreibungen nach § 7g EStG	134		
31	Herabsetzungsbeträge nach § 7g Abs. 2 EStG	138		
32	Aufwendungen für geringwertige Wirtschaftsgüter	132	8 0	5 1
33	Auflösung Sammelposten nach § 6 Abs. 2a EStG	137		
34	Restbuchwert der im Kalenderjahr/Wirtschaftsjahr ausgeschiedenen Anlagegüter	135		

Kraftfahrzeugkosten und andere Fahrtkosten

			EUR	Ct
35	Laufende und feste Kosten (ohne AfA und Zinsen)	140		
36	Enthaltene Kosten aus Zeilen 26, 35 und 41 für Wege zwischen Wohnung und Betriebsstätte	142 —		
37	Verbleibender Betrag	▶143		
37a	Abziehbare Aufwendungen für Wege zwischen Wohnung und Betriebsstätte	176		

Raumkosten und sonstige Grundstücksaufwendungen

			EUR	Ct
38	Abziehbare Aufwendungen für ein häusliches Arbeitszimmer (einschl. AfA lt. Zeile 9 des Anlageverzeichnisses und Schuldzinsen)	172		
39	Miete/Pacht für Geschäftsräume und betrieblich genutzte Grundstücke	150		
40	Sonstige Aufwendungen für betrieblich genutzte Grundstücke (ohne Schuldzinsen und AfA)	151	4 1 5 0	0 0

			nicht abziehbar EUR	Ct	abziehbar EUR	Ct
	Schuldzinsen (§ 4 Abs. 4a EStG)					
41	Finanzierung von Anschaffungs-/Herstellungskosten von Wirtschaftsgütern des Anlagevermögens	178	8 2 9	0 0		
42	Übrige Schuldzinsen 167	179				

Übrige beschränkt abziehbare Betriebsausgaben (§ 4 Abs. 5 EStG)

			nicht abziehbar		abziehbar	
	Geschenke	174				
43	164				3 3	6 0
	Bewirtung	175				
44	165					
45	Reisekosten, Aufwendungen für doppelte Haushaltsführung	173				
	Sonstige (z.B. Geldbußen)	177				
46	168					
47	Summe Zeilen 41 bis 46 (abziehbar)		8 3 2	4 6 ▶	8 3 2	4 6

Sonstige unbeschränkt abziehbare Betriebsausgaben

			EUR	Ct
48	Porto, Telefon, Büromaterial	192	2 8 2 1	2 6
49	Fortbildung und Fachliteratur	193	3 6 8 0	0 0
50	Rechts- und Steuerberatung, Buchführung	194		
51	Übrige Betriebsausgaben	183		
52	Gezahlte Vorsteuerbeträge	185	7 6	4 8
53	An das Finanzamt gezahlte und ggf. verrechnete Umsatzsteuer	186	9 5 1 2	0 0
54	Rücklagen, stille Reserven und/oder Ausgleichsposten (Übertrag von Zeile 73)			
55	**Summe Betriebsausgaben**	199	8 1 6 6 6	6 1

(Betriebs-)Steuernummer **22/220/1046/3**

Ermittlung des Gewinns

			EUR	Ct
60	Summe der Betriebseinnahmen (Übertrag aus Zeile 18)		2 0 4 6 0 3	0 0
61	abzüglich Summe der Betriebsausgaben (Übertrag aus Zeile 55)	−	8 1 6 6 6	6 1
	zuzüglich			
62	– Hinzurechnung der Investitionsabzugsbeträge nach § 7g Abs. 2 EStG (Übertrag aus Zeile 81)	188 +		
63	abzüglich			
64	– erwerbsbedingte Kinderbetreuungskosten 184			
65	– Investitionsabzugsbeträge nach § 7g Abs. 1 EStG 187 (Übertrag aus Zeile 77)			
66	**Summe** 198	▶ −		
67	**Gewinn/Verlust**	119	1 2 2 9 3 6	3 9

---

2. Ergänzende Angaben 99 27

Rücklagen, stille Reserven und Ansparabschreibungen

			Bildung / Übertragung EUR	Ct		Auflösung EUR	Ct
68	Rücklagen nach § 6c i.V.m. § 6b EStG, R 6.6 EStR	187			120		
69	Übertragung von stillen Reserven nach § 6c i. V. m. § 6b EStG, R 6.6 EStR	170					
70	Ansparabschreibungen für Existenzgründer nach § 7g Abs. 7 und 8 EStG a.F.				122		
71	Gewinnzuschlag nach § 6b Abs. 7 und 10 EStG				123		
72	Ausgleichsposten nach § 4g EStG	191			125		
73	Gesamtsumme	190			124		
			Übertrag in Zeile 54			Übertrag in Zeile 17	

Investitionsabzugsbeträge – Bildung (§ 7g Abs. 1 EStG)

	Lfd. Nr.	Einzelnes Wirtschaftsgut/ Funktion des Wirtschaftsguts	Voraussichtliche Anschaffungs-/ Herstellungskosten EUR	Ct	darauf entfallender Investitionsabzugsbetrag EUR	Ct
74	1.					
75	2.					
76	3. Summe aus der Bildung weiterer Investitionsabzugsbeträge (Erläuterungen auf gesondertem Blatt)					
77	Gesamtsumme					
					Übertrag in Zeile 65	

Investitionsabzugsbeträge – Hinzurechnungen (§ 7g Abs. 2 EStG)

	Lfd. Nr.	Einzelnes Wirtschaftsgut/ Funktion des Wirtschaftsguts	Anschaffungs-/ Herstellungskosten EUR	Ct	Hinzurechnung (40% der Anschaffungs-/ Herstellungskosten, max. Investitionsabzugsbetrag) EUR	Ct
78	1.					
79	2.					
80	3. Summe aus der Hinzurechnung weiterer Investitionsabzugsbeträge (Erläuterungen auf gesond. Blatt)					
81	Gesamtsumme					
					Übertrag in Zeile 62	

Entnahmen und Einlagen

99 29

			EUR	Ct
82	Entnahmen einschl. Sach-, Leistungs- und Nutzungsentnahmen	122		
83	Einlagen einschl. Sach-, Leistungs- und Nutzungseinlagen	123		

Fall:

Die Eheleute Schäfer (Zusammenveranlagung) haben im Veranlagungszeitraum 2009 Einkünfte aus Land- und Forstwirtschaft in Höhe von 300,00 € und Einkünfte aus Gewerbebetrieb in Höhe von 62.000,00 € erzielt.

Ermitteln Sie den Gesamtbetrag der Einkünfte der Familie Schäfer für den VZ 2009.

Lösung:

	Einkünfte § 13 EStG	300,00 €
+	Einkünfte § 15 EStG	62.000,00 €
=	Summe der Einkünfte (§ 2 Abs. 2 EStG)	62.300,00 €
−	Freibetrag § 13 Abs. 3 EStG *)	00,00 €
=	Gesamtbetrag der Einkünfte (§ 2 Abs. 3 EStG)	**62.300,00 €**

*) Der Freibetrag für L+F beträgt grundsätzlich 1.340,00 € (bei Zusammenveranlagung). Die Summe der Einkünfte übersteigt jedoch 61.400,00 €. Der Freibetrag gem. § 13 Abs. 3 EStG ist nicht zu gewähren.

Fall:

Sachverhalt wie im Fall zuvor mit dem Unterschied, dass die Einkünfte aus Gewerbebetrieb 10.000,00 € betragen.

Ermitteln Sie den Gesamtbetrag der Einkünfte der Familie Schäfer für den VZ 2009.

Lösung:

	Einkünfte § 13 EStG	300,00 €
+	Einkünfte § 15 EStG	10.000,00 €
=	Summe der Einkünfte (§ 2 Abs. 2 EStG)	10.300,00 €
−	Freibetrag § 13 Abs. 3 EStG *)	300,00 €
=	Gesamtbetrag der Einkünfte (§ 2 Abs. 3 EStG)	**10.000,00 €**

*) Der Freibetrag für L+F beträgt grundsätzlich 1.340,00 € (bei Zusammenveranlagung). Er ist jedoch auf die Höhe der Einkünfte aus L+F begrenzt (im Fall sind dies 300,00 €).

Fall:

Landwirt Huber, Landsberg, verfügt über eine regelmäßig landwirtschaftlich genutzte Fläche von 100 Hektar.

Ermitteln Sie die maximalen Vieheinheiten i.S.d. § 13 Abs. 1 Nr. 1 Satz 2 EStG.

Lösung:

Stufen	Max. VE je Hektar	Max. VE je Stufe
0 - 20 Hektar	10 VE	200 VE
21 – 30 Hektar	7 VE	70 VE
31 – 50 Hektar	6 VE	120 VE
51 – 100 Hektar	3 VE	150 VE
		540 VE

Wenn Landwirt Huber ausschließlich Einkünfte aus L+F erzielen will, darf er maximal 540 VE auf seiner regelmäßig landwirtschaftlich genutzten Fläche (100 ha) halten.

Fall:

Anton Zwick betreibt in Leiwen an der Mosel einen land- und forstwirtschaftlichen Betrieb. Seine weinbaulich genutzte Fläche beträgt 2 Hektar (= 20.000 qm). Seine selbst bewirtschaftete landwirtschaftliche Fläche beträgt 12 Hektar. Herr Zwick besitzt seit vielen Jahren den folgenden durchschnittlichen Viehbestand:

- 5.000 Legehennen,
- 40 Milchkühe.

Prüfen Sie, zu welcher Einkunftsart die Tierzucht bzw. Tierhaltung gehört.
[Lösungshinweis: siehe § 13 Abs. 1 Nr. 1 S. 2 EStG/R 13.2 Abs. 1 bis 3 EStR]

Lösung:

a) Ermittlung der landwirtschaftlich genutzten Fläche (R 13.2 Abs. 3 EStR)

	Landwirtschaftlich genutzte Gesamtfläche	14 ha
–	Flächen gem. R 13.2 Abs. 3 Satz 2 (Weinbau)	– 2 ha
=	Regelmäßig landwirtschaftl. genutzte Fläche (R 13.2 Abs. 3 S. 1)	**12 ha**

b) Ermittlung der maximalen (unschädlichen) VE i.S.d. § 13 Abs. 1 Nr. 1 S. 2 EStG

$$12 \text{ ha x } 10 \text{ VE/ha} = \mathbf{120 \text{ VE}}$$

Verfügt Herr Zwick über mehr als 120 Vieheinheiten, so gehört der darüber hinausgehende Bestand zur gewerblichen Tierzucht/Tierhaltung (Einkünfte gem. § 15 EStG, vgl. auch R 13.2 Abs. 2 EStR).

c) Ermittlung der vorhandenen Vieheinheiten gem. R 13.2 Abs. 1 EStR

Tierart	Anzahl	Vieheinheiten pro Tier	Vieheinheiten gesamt
Milchkühe	40	1,00 VE	40,0 VE
Legehennen	5.000	0,02 VE	100,0 VE
			140,0 VE

d) Zuordnung des Tierbestandes zu den Einkünften gem. § 13 und § 15 EStG

Die maximal zulässigen VE werden um 20 VE überschritten (§ 13 Abs. 1 Nr. 1 S. 2). Bei der Herausrechnung der überzähligen VE ist zu beachten:

1. ein Zweig (Tierbestand) kann nur einer Einkunftsart zugerechnet werden, d. h. es ist immer der komplette Zweig herauszurechnen (R 13.2 Abs. 2 S. 2 EStR),

2. es sind zunächst die Zweige (Tierbestände) herauszurechnen, die den geringsten Flächenbedarf haben (R 13.2 Abs. 2 S. 4 – 6 EStR).

Im vorliegenden Fall muss Herr Zwick den gesamten Bestand an Legehennen – und somit alle Einnahmen aus diesem Zweig – seinem gewerblichen Bereich zuordnen (§ 15).

Der verbleibende Zweig (Milchkühe) ist dem land- und forstwirtschaftlichen Bereich zuzuordnen (§ 13).

Fall:

> Erzielen die Beteiligten bei den Fällen 1 bis 6 Einkünfte aus Gewerbebetrieb?
> Begründen Sie Ihre Antwort unter Hinweis auf die Rechtsgrundlagen.

1. Bernd Friedrich betreibt unter der Firma „Bernd Friedrich Autoservice e. K." eine im Handelsregister Koblenz eingetragene Kfz-Werkstatt.

2. Ina Ernst betreibt in der Innenstadt von Bonn einen kleinen, nicht im Handelsregister eingetragenen Kiosk.

3. Roland und Marie Gerke betreiben in München die „Gerke Baustoff OHG". Außerdem sind Ulf Gerke und Renate Gerke als stille Gesellschafter an der OHG beteiligt. Ulf Gerke hat der Gesellschaft 20.000,00 € zu Verfügung gestellt. Laut Gesellschaftsvertrag besitzt Ulf Gerke umfassende Mitspracherechte. Seine Gewinn- und Verlustbeteiligung beträgt 10 %. Im Falle der Unternehmensliquidation bzw. seines Ausscheidens erhält Ulf Gerke einen im Gesellschaftsvertrag genau definierten Anteil an den stillen Reserven des Unternehmens. Renate Gerke hat der Gesellschaft 40.000,00 € zur Verfügung gestellt. Ihre rechtliche Gesellschafterstellung entspricht den gesetzlichen Vorschriften der §§ 230 ff. HGB.

4. Die Brüder Lutz und Leo Gruber betreiben in Hermeskeil einen kleinen land-wirtschaftlichen Betrieb in der Rechtsform einer OHG.

5. Wie Fall 4, jedoch gehört zum Unternehmensgegenstand auch der Handel mit Land-maschinen. Der Umsatz aus dem Landmaschinenhandel beträgt im Durchschnitt der letzten drei Jahre 25 % des Gesamtumsatzes.

6. Sarah und Lara Lurtz betreiben in Ulmen einen kleinen landwirtschaftlichen Betrieb in der Rechtsform einer GmbH & Co. KG (Komplementär = GmbH).

Lösung:

zu 1.

> **Ja**, Herr Friedrich erzielt Einkünfte i. S. d. § 15 Abs. 1 Nr. 1.
>
> Er betreibt ein gewerbliches Einzelunternehmen. Die nachfolgenden Tatbestands-voraussetzungen des § 15 Abs. 2 S. 1 sind alle erfüllt:
>
> - Selbständigkeit (H 15.1 „Allgemeines"),
> - Nachhaltigkeit (H 15.2 „Wiederholungsabsicht"),
> - Gewinnerzielungsabsicht (H 15.3 „Beweisanzeichen" + „Totalgewinn"),
> - Beteiligung am allgemeinen wirtschaftlichen Verkehr (H 15.4 „Allgemeines" + „Kundenkreis"),
> - keine Land- und Forstwirtschaft (R 15.5),
> - keine selbständige Tätigkeit i. S. d. § 18 (H 15.6 „Allgemeines" + „Abgrenzung selbständige Arbeit/Gewerbebetrieb").

zu 2.

> **Ja**, vgl. Lösung zu 1.
>
> Der fehlende Eintrag im Handelsregister ist für die Qualifizierung der Einkünfte irrelevant. Die Tatsache hat lediglich Auswirkung auf die Art der Gewinnermittlung [Betriebsvermögensvergleich (§ 4 Abs. 1 i. V. m. § 5) oder Einnahmenüberschussrechnung (§ 4 Abs. 3)].

zu 3.

> Roland und Marie Gerke:
> **Ja**, beide Gesellschafter erzielen als **Mitunternehmer** einer gewerblichen Personengesellschaft Einkünfte gem. § 15 Abs. 1 Nr. 2. Zu diesen Einkünften zählen die „normale" Gewinnbeteiligung und i. d. R. alle sonstigen Vergütungen.
>
> Ulf Gerke:
> **Ja**, Ulf Gerke erzielt als **atypisch stiller Gesellschafter** ebenfalls Einkünfte gem. § 15 Abs. 1 Nr. 2. Seine gesellschaftsrechtliche Stellung geht weit über die des handelsrechtlich normierten stillen Gesellschafters (§§ 230 ff. HGB) hinaus. Er kann Mitunternehmerinitiative entfalten (umfassende Mitspracherechte). Außerdem trägt er Mitunternehmerrisiko (Verlustbeteiligung + Beteiligung an den stillen Reserven). Seine rechtliche Stellung ist mit der eines Kommanditisten vergleichbar (vgl. auch H 15.8 „Mitunternehmerinitiative" + „Mitunternehmerrisiko" + „Stiller Gesellschafter").
>
> Renate Gerke:
> **Nein**, sie erzielt als **typisch stille Gesellschafterin** Einkünfte aus Kapitalvermögen (§ 20 Abs. 1 Nr. 4). Ihre gesellschaftsrechtliche Stellung ist mit der eines Kreditgebers vergleichbar (z. B. partiarisches Darlehen = Darlehen, bei dem die Zinsen in Form einer Gewinnbeteiligung gezahlt werden).

zu 4.

> **Nein**, sie erzielen Einkünfte aus Land- und Forstwirtschaft (§ 13 Abs. 1 Nr. 1). Sie betreiben zwar eine OHG (Personengesellschaft), jedoch fehlt die Gewerblichkeit dieser Gesellschaft (§ 15 Abs. 2).

zu 5.

> **Ja**, jetzt erzielen beide Gesellschafter Einkünfte gem. § 15 Abs. 1 Nr. 2 i. V. m. § 15 Abs. 3 Nr. 1.
>
> Die gewerbliche Tätigkeit des Landmaschinenhandels „infiziert" die gesamte Betätigung der OHG als gewerblich. Der Anteil der gewerblichen Tätigkeit spielt i. d. R. keine Rolle (volle „Infektionswirkung").

zu 6.

> **Ja**, beide Gesellschafterinnen erzielen Einkünfte gem. § 15 Abs. 1 Nr. 2 i. V. m. § 15 Abs. 3 Nr. 2.
>
> Obwohl die Gesellschafterinnen eine ausschließlich landwirtschaftlich tätige Personengesellschaft (GmbH & Co. KG) betreiben, gibt die Komplementärin (GmbH) dem gesamten Unternehmen das gewerbliche Gepräge.

Fall:

Die „Arndt & Brecht Möbelwerke OHG" erzielt in 2009 einen Handelsbilanzgewinn in Höhe von 300.000,00 €. Im Gesellschaftsvertrag der OHG wurde eine Gewinnverteilung i. S. d. HGB festgelegt. Frau Arndt ist mit 210.000,00 € und Herr Brecht mit 170.000,00 € an der OHG beteiligt. Herr Brecht erhält ein jährliches Geschäftsführergehalt in Höhe von 60.000,00 €. Außerdem erhält er für die Überlassung eines Parkplatzes eine jährliche Miete in Höhe von 4.000,00 €. Frau Arndt gewährt der OHG seit 2007 ein mit 7 % zu verzinsendes Fälligkeitsdarlehen in Höhe von 50.000,00 €. Alle Aufwendungen wurden in der Buchführung entsprechend den handelsrechtlichen Vorgaben erfasst.

a) Ermitteln Sie den steuerlichen Gewinn der OHG.
b) Ermitteln Sie den steuerlichen Gewinnanteil jedes Gesellschafters.

Lösung:

a) Ermittlung des steuerlichen Gewinns

A = Arndt
B = Brecht

Handelsbilanzgewinn		300.000,00 €
+ Sonderbetriebseinnahmen		
Gesellschafter A	3.500,00 €	
Gesellschafter B	64.000,00 €	67.500,00 €
– Sonderbetriebsausgaben		
Gesellschafter A	0,00 €	
Gesellschafter B	0,00 €	0,00 €
= steuerlicher Gewinn (§ 15 Abs. 1 Nr. 2 EStG)		**367.500,00 €**

b) Verteilung des steuerlichen Gewinns auf die Gesellschafter

Gesellschafter	Vorweggewinn	Kapitalverzinsung	Restgewinn	Gewinnanteil
A	3.500,00 €	8.400,00 €	142.400,00 €	154.300,00 €
B	64.000,00 €	6.800,00 €	142.400,00 €	213.200,00 €
	67.500,00 €	15.200,00 €	284.800,00 €	**367.500,00 €**

Fall:

Leni Abel und Vera Blum betreiben eine Lebensmittelgroßhandlung in der Rechtsform einer KG. Die Kapitalbeteiligungen betragen 20.000,00 € (Abel) und 280.000,00 € (Blum). Frau Abel besitzt laut Gesellschaftsvertrag als Komplementärin das alleinige Geschäftsführungs- und Vertretungsrecht. Hierfür erhält sie ein jährliches Gehalt in Höhe von 75.000,00 €. Frau Blum erhält laut Gesellschaftsvertrag als Ausgleich für ihren enormen Kapitaleinsatz eine jährliche Risikoprämie in Höhe von 5 % des eingesetzten Kapitals. Weitere Kapitalverzinsungen sind nicht vorgesehen. Im Übrigen entsprechen die jeweiligen Gesellschafterrechte den handelsrechtlichen Vorgaben der §§ 161 ff. HGB. Der handelsrechtliche Gewinn 2009 in Höhe von 400.000,00 € ist nach Abzug der Risikoprämie im Verhältnis 4 (Abel) : 6 (Blum) aufzuteilen.

a) Ermitteln Sie den steuerlichen Gewinn der KG.
b) Ermitteln Sie den steuerlichen Gewinnanteil jedes Gesellschafters

Lösung:

a) Ermittlung des steuerlichen Gewinns

Handelsbilanzgewinn		400.000,00 €
+ Sonderbetriebseinnahmen		
Gesellschafter A	75.000,00 €	
Gesellschafter B	0,00 €	75.000,00 €
− Sonderbetriebsausgaben		
Gesellschafter A	0,00 €	
Gesellschafter B	0,00 €	0,00 €
= steuerlicher Gewinn (§ 15 Abs. 1 Nr. 2 EStG)		**475.000,00 €**

b) Verteilung des steuerlichen Gewinns auf die Gesellschafter

Gesellschafter	Vorweggewinn	Kapitalverzinsung	Restgewinn	Gewinnanteil
A	75.000,00 €	0,00 €	154.400,00 €	229.400,00 €
B	0,00 €	14.000,00 €	231.600,00 €	245.600,00 €
	75.000,00 €	14.000,00 €	386.000,00 €	**475.000,00 €**

Fall:

Erzielen die Beteiligten bei den Fällen 1 bis 8 Einkünfte aus selbständiger Arbeit? Begründen Sie Ihre Antwort unter Hinweis auf die Rechtsgrundlagen.

1. Dr. med. Jürgen Noll betreibt in München eine Arztpraxis.

2. Dr. Ina Grill betreibt in Köln eine Apotheke.

3. Vera Bendel betreibt in Olpe eine Tanzschule.

4. Carla Ritter betreibt in Kiel ein Gymnastikstudio. Sie erteilt persönlich diverse Fitness- und Entspannungskurse. An Gerätschaften sind Matten, Bälle und Bänder vorhanden. Größere Fitnessgeräte gehören nicht zu ihrer Ausstattung.

5. Arnold Schwarzenberger betreibt in Berlin ein Fitnessstudio mit allen hierfür erforderlichen Gerätschaften. Er erstellt für seine Kunden Trainingspläne, betreut sie in der Anfangsphase persönlich und führt bei Bedarf Beratungsgespräche durch. Die fortgeschrittenen Kunden trainieren in Eigenregie nach vorgegebenen oder selbst erstellten Trainingsplänen.

6. Richter Dr. Gerald Trumm, Bremen, veröffentlicht – gegen Honorar – gelegentlich Fachaufsätze in einer juristischen Fachzeitschrift. Außerdem verkauft er gelegentlich selbst erstellte Aquarelle.

7. Diplom Handelslehrer Erwin Koch betreibt in Jena eine kaufmännische Privatschule mit 400 Schülern. Er beschäftigt 30 Lehrkräfte verschiedenster Fachrichtungen (z. B. Sprachen, Kunst, Naturwissenschaften, Betriebswirtschaft). Herr Koch leitet die Schule. Sein Unterrichtseinsatz beträgt 6 Stunden pro Woche.

8. Kfz-Meister Hans Neiß ist in Worms als selbständiger Kfz-Sachverständiger tätig.

Lösung:

zu 1.

> **Ja**, Herr Dr. Noll erzielt Einkünfte i. S. d. § 18 Abs. 1 Nr. 1 EStG.
> Er übt die selbständige Berufstätigkeit eines Arztes aus (Katalogberuf). Die hierfür
> erforderliche medizinische Ausbildung liegt vor

zu 2.

> **Nein**, Frau Dr. Grill erzielt Einkünfte i.S.d. § 15 Abs. 1 Nr.1 EStG.
> Der Beruf des Apothekers zählt nicht zu den Katalogberufen des § 18 Abs. 1 Nr. 1 EStG.
> Eine den Ärzten vergleichbare (ähnliche) Tätigkeit wird nicht ausgeübt. Frau
> Dr. Grills Tätigkeit besteht überwiegend in der Lieferung von Waren/Medikamenten.
> Sie lindert nicht die Leiden der Kunden aufgrund einer persönlichen medizinischen
> Leistung.

zu 3.

> **Ja**, Frau Bendel erzielt Einkünfte i. S. d. § 18 Abs. 1 Nr. 1 EStG.
> Sie übt eine selbständige unterrichtende Tätigkeit aus.

zu 4.

> **Ja**, Frau Ritter erzielt Einkünfte i. S. d. § 18 Abs. 1 Nr. 1 EStG.
> Sie übt eine selbständige unterrichtende Tätigkeit aus.

zu 5.

> **Nein**, Herr Schwarzenberger erzielt Einkünfte i.S.d. § 15 Abs. 1 Nr.1 EStG.
> Er leitet zwar seine Kunden bei Bedarf an. Ansonsten überlässt er jedoch den
> Kunden die Geräte zur freien Verfügung [keine unterrichtende Tätigkeit/vgl.
> H 15.6 (Unterrichtende Tätigkeit) EStH].

zu 6.

> Richtertätigkeit:
> Herr Dr. Trumm erzielt als Beamter Einkünfte i.S.d. § 19 Abs. 1 Nr. 1 EStG.
>
> Autorentätigkeit:
> Herr Dr. Trumm erzielt als selbständiger Schriftsteller Einkünfte i.S.d. § 18 Abs. 1
> Nr. 1 EStG. Selbst eine einmalige Veröffentlichung führt zum gleichen Ergebnis, wenn
> davon auszugehen ist, dass bei einer erneuten Gelegenheit die Tätigkeit wiederholt
> wird.
>
> Künstlertätigkeit:
> Grundsätzlich erzielt Herr Dr. Trumm als Künstler Einkünfte i.S.d. § 18 Abs. 1
> Nr. 1 EStG. Es wäre jedoch zu prüfen, ob das Kriterium der Gewinnerzielungsabsicht
> (bezogen auf die Totalperiode) erfüllt ist. In vielen Fällen wird eine steuerlich
> unbeachtliche Liebhaberei vorliegen (insbesondere, wenn die Aufwendungen die
> Einnahmen dauerhaft übersteigen). Laut Rechtsprechung handelt es sich dann
> lediglich um eine vom wirtschaftlichen Erfolg unabhängige Passion [z. B. BFH v.
> 14.7.2003, BStBl. 2003 II S. 804/vgl. auch H 15.6 (Allgemeines) EStH].

zu 7.

> **Nein**, Herr Koch erzielt Einkünfte i.S.d. § 15 Abs. 1 Nr.1 EStG.
> Herr Koch leitet zwar die Schule eigenverantwortlich. Seine unterrichtliche Tätigkeit tritt jedoch aufgrund des enormen Verwaltungsaufwandes und der geringen eigenen Unterrichtszeit in den Hintergrund. Eine inhaltliche Mitgestaltung des fachfremden Unterrichts ist i. d. R. nicht möglich [vgl. H 15.6 (Mithilfe anderer Personen) EStH].

zu 8.

> Im vorliegenden Fall müssten die Gesamtumstände des Einzelfalles genau geprüft werden. Herr Neiß kann sowohl Einkünfte i.S.d. § 18 Abs. 1 Nr. 1 EStG als auch Einkünfte i.S.d. § 15 Abs. 1 Nr.1 EStG erzielen. Fraglich ist, ob er einen dem Katalogberuf des Ingenieurs ähnlichen selbständigen Beruf ausübt. Zur Klärung dieser Frage hat die Rechtsprechung die folgenden Kriterien entwickelt [vgl. H 15.6 (Ähnliche Berufe) EStH]:
>
> 1. **Liegt eine vergleichbare Ausbildung bzw. vergleichbares Fachwissen vor?**
>   Das Fachwissen kann in einer formalen Ausbildung, im Rahmen eines Selbststudiums oder aufgrund praktischer Tätigkeit erworben worden sein (z. B. besonders anspruchsvolle Tätigkeit). Ein Nachweis ist für Herrn Neiß jedoch zwingend erforderlich.
>
> 2. **Ist das Niveau der beruflichen Tätigkeit vergleichbar?**
>   Herr Neiß muss nachweisen, dass seine Tätigkeit mit der einer Ingenieurstätigkeit hinsichtlich des Schwierigkeitsgrades vergleichbar ist. Die bloße Umsetzung seiner praktischen Erfahrungen aufgrund seiner Meistertätigkeit reicht nicht aus.
>
> [Vgl. auch H 15.6 (Abgrenzung selbständige Arbeit/Gewerbebetrieb – insbesondere Buchstaben a + b jeweils Kfz-Sachverständiger)]

Fall:

> Bestimmen Sie bei den Sachverhalten 1 und 2 die maßgebliche Entfernung
> zwischen Wohnung und regelmäßiger Arbeitsstätte.

1. Der Arbeitnehmer Klaus Schmitz, Köln, fährt mit der U-Bahn zur regelmäßigen Arbeitsstätte. Einschließlich der Fußwege beträgt die zurückgelegte Entfernung 15 km. Die kürzeste Straßenverbindung beträgt 10 km.

2. Der Arbeitnehmer Franz Klein, St. Goarshausen, wohnt am Rhein und hat seine regelmäßige Arbeitsstätte auf der anderen Flussseite in St. Goar. Die Entfernung zwischen Wohnung und regelmäßiger Arbeitsstätte beträgt über die nächste Brücke 80 km und bei Benutzung der Autofähre 9 km. Die Fährstrecke beträgt 0,6 km, die Fährkosten betragen 650 € jährlich.

Lösung:

zu 1.

> Für die Ermittlung der Entfernungspauschale ist die kürzeste Straßenverbindung von **10 km** anzusetzen (BMF-Schreiben vom 31.8.2009, BStBl 2009 I Seite 891 ff.).

zu 2.

> Für die Ermittlung der Entfernungspauschale ist eine Entfernung von **8 km** (9 km – 0,6 km = 8 volle km) anzusetzen.
> Weil die Fährstrecke bei der Ermittlung der Entfernungspauschale abgezogen wird, können neben der Entfernungspauschale die Fährkosten in Höhe von 650 € berücksichtigt werden (BMF-Schreiben vom 31.8.2009, BStBl 2009 I Seite 891 ff.).

Fall:

> Ermitteln Sie bei den Sachverhalten 1 bis 2 die Höhe der Entfernungspauschale für die Wege zwischen Wohnung und regelmäßiger Arbeitsstätte.

1. Bei einer aus drei Arbeitnehmern bestehenden wechselseitigen Fahrgemeinschaft beträgt die Entfernung zwischen Wohnung und regelmäßiger Arbeitsstätte für jeden Arbeitnehmer 100 km. Bei tatsächlichen 210 Arbeitstagen benutzt jeder Arbeitnehmer seinen eigenen Kraftwagen an 70 Tagen für die Fahrten zwischen Wohnung und regelmäßiger Arbeitsstätte.

2. Ein Arbeitnehmer fährt an 220 Arbeitstagen im Jahr mit dem eigenen Kraftwagen 30 km zur nächsten Bahnstation und von dort 100 km mit der Bahn zur regelmäßiger Arbeitsstätte. Die kürzeste maßgebende Entfernung (Straßenverbindung) beträgt 100 km. Die Aufwendungen für die Bahnfahrten betragen 2.160 € (monatlich 180 € x 12 = 2.160 € im Jahr).

Lösung:

zu 1.

> Die Entfernungspauschale ist für jeden Teilnehmer der Fahrgemeinschaft wie folgt zu ermitteln:
> Zunächst ist die Entfernungspauschale für die Fahrten und Tage zu ermitteln, an denen der Arbeitnehmer mitgenommen wurde:
>
> 140 Arbeitstage x 100 km x 0,30 Euro =   4.200 €
> (Höchstbetrag von 4.500 Euro ist nicht überschritten)
>
> Anschließend ist die Entfernungspauschale für die Fahrten und Tage zu ermitteln, an denen der Arbeitnehmer seinen eigenen Kraftwagen benutzt hat:
> 70 Arbeitstage x 100 km x 0,30 Euro =   2.100 €
> abziehbar (unbegrenzt)
> anzusetzende Entfernungspauschale =   **6.300 €**
>
> Setzt bei einer Fahrgemeinschaft nur ein Teilnehmer seinen Kraftwagen ein, kann er die Entfernungspauschale **ohne Begrenzung** auf den Höchstbetrag von 4.500 Euro für seine Entfernung zwischen Wohnung und regelmäßiger Arbeitsstätte geltend mach; eine Umwegstrecke zum Abholen der Mitfahrer ist nicht in die Entfernungspauschale einzubeziehen. Bei den Mitfahrern wird gleichfalls die Entfernungspauschale angesetzt, allerdings bei ihnen **begrenzt** auf den Höchstbetrag von 4.500 Euro (BMF-Schreiben vom 31.8.2009, BStBl 2009 I Seite 891 ff.).

zu 2.

> Von der maßgebenden Entfernung von 100 km entfällt eine Teilstrecke von 30 km auf Fahrten mit dem eigenen Kraftwagen, sodass sich hierfür eine Entfernungspauschale von 220 Arbeitstagen x 30 km x 0,30 Euro = 1.980 € ergibt. Für die verbleibende Teilstrecke mit der Bahn von 70 km (100 km – 30 km) errechnet sich eine Entfernungspauschale von 220 Arbeitstagen x 70 km x 0,30 Euro = 4.620 €. Hierfür ist der Höchstbetrag von 4.500 Euro anzusetzen, sodass sich eine insgesamt anzusetzende Entfernungspauschale von **6.480 €** (1.980 € + 4.500 €) ergibt. Die tatsächlichen Aufwendungen für die Bahnfahrten in Höhe von 2.160 € bleiben unberücksichtigt, weil sie unterhalb der insoweit anzusetzenden Entfernungspauschale liegen.

Fall:

Josef Müller ist seit 1987 mit Gisela geb. Maier verheiratet. Beide wohnen seit 1987 in Essen. Die Eheleute wählen die Zusammenveranlagung.
Josef Müller war 2009 als Lagerarbeiter bei einer Speditionsfirma beschäftigt. Sein Bruttoarbeitslohn betrug 14.700,00 €.
Seine Frau erzielte im Kalenderjahr 2009 als angestellte Friseurin einen Bruttoarbeitslohn von 8.300,00 €.
Bei der Ermittlung der Einkünfte ist Folgendes zu berücksichtigen:

1. Die Ehefrau erhält als Friseurin regelmäßig Trinkgelder. Ihre Trinkgelder haben im Kalenderjahr 2009 insgesamt 775,00 € betragen. Dieser Betrag ist im Bruttolohn nicht enthalten.

2. Der Ehemann fuhr an 216 Tagen mit seinem eigenen Pkw von seiner Wohnung zu seiner Arbeitsstätte. Die kürzeste Straßenverbindung beträgt 15,8 km.

3. Die Ehefrau fuhr mit einem öffentlichen Verkehrsmittel von ihrer Wohnung zu ihrer Arbeitsstätte. Die Fahrtkosten haben im VZ 2009 300,00 € betragen.

4. Beim Ehemann wurden bisher jährlich 150,00 € und bei der Ehefrau jährlich 170,00 € für typische Berufskleidung als Werbungskosten anerkannt. In 2009 ist davon auszugehen, dass diese Beträge ebenfalls anerkannt werden.

5. Der Nettolohn des Herrn Müller wird monatlich durch Bank überwiesen, während der Nettolohn der Frau Müller bar ausgezahlt wird.

Wie hoch sind die Einkünfte der Eheleute Müller aus nichtselbständiger Arbeit im VZ 2009?

Lösung:

		EM EUR	EF EUR	gesamt EUR
Einkünfte aus nichtselbständiger Arbeit (§ 19)				
Ehemann:				
steuerpflichtige Einnahmen		14.700 €		
– nachgewiesene WK	972 € *)			
	150 €			
	16 €	1.138 €	13.562	
Ehefrau:				
Arbeitslohn		8.300 €		
+ Trinkgelder (steuerfrei)		775 €		
Einnahmen insgesamt		9.075 €		
– steuerfreie Einnahmen		– 775 €		
steuerpflichtige Einnahmen		8.300 €		
– Arbeitnehmer-Pauschbetrag		– 920 €	7.380	**20.942**

*) Fahrtkosten: 216 Arbeitstage x 15 (volle) km x 0,30 Euro = 972 €

Fall:

Der ledige, konfessionslose Fritz Müller hat 1000 Stück XY-Aktien in seinem Depot. Die AG zahlt in 2009 für das Kalenderjahr 2008 eine Brutto-Dividende von 4,00 € pro Stück.

Wie viel Euro bekommt Fritz Müller gutgeschrieben?
Herr Müller hat seiner Bank keinen Freistellungsauftrag vorgelegt.

Lösung:

Brutto-Dividende (1000 x 4 €)	4.000 €
– Kapitalertragsteuer (25 % von 4.000 €)	– 1.000 €
– Solidaritätszuschlag (5,5 % von 1.000 €)	– 55 €
= **Netto-Dividende** (Bankgutschrift)	**2.945 €**

Fall:

Die ledige, kirchensteuerpflichtige Maria Klein, München, hat ihrer Bank keinen Freistellungsauftrag für ihr Depot eingereicht. Sie hat jedoch gegenüber ihrer Bank Angaben zu ihrer Religionszugehörigkeit gemacht. Am 2.2.2009 erhielt Frau Klein Dividenden für 810 Stück Aktien der Porsche Automobil Holding SE auf ihrem Bankkonto gutgeschrieben. Porsche schüttete in 2009 für 2008 eine Brutto-Dividende von 2,50 € pro Stück aus.

Wie hoch ist die Netto-Dividende der Frau Klein?

Lösung:

Brutto-Dividende (810 Stück x 2,50 €)	2.025,00 €
– KapESt $= \dfrac{2.025\,€ - 0}{4 + 0,08} = \dfrac{2.025\,€}{4,08} =$	– 496,32 €
– Kirchensteuer (496,32 € x 8 %)	– 39,71 €
– Solidaritätszuschlag (496,32 € x 5,5 %)	– 27,30 €
= **Netto-Dividende** (Bankgutschrift)	**1.461,67 €**

Probe: 1.461,67 € : 72,1814 x 100 = **2.025 €** (siehe Lehrbuch Seite 161)

Fall:

Der Architekt Maurer bewohnte bis 30.09.2008 mit seiner Ehefrau und seinem 15-jährigen Sohn die Erdgeschosswohnung seines Mehrfamilienhauses.
Er hat das Gebäude, das 1960 hergestellt worden ist, 1978 mit Grund und Boden für umgerechnet 340.000 € erworben. Davon entfallen 60.000 € auf Grund und Boden.

Da ihm seine Wohnung zu klein geworden war, baute er ein Einfamilienhaus, das am 01.10.2008 bezugsfertig war und das er auch an diesem Tag mit seiner Familie bezog. Der Bauantrag wurde am 14.02.2008 gestellt.
Seine bisherige Wohnung wurde seit 01.12.2008 für monatlich 500 € vermietet.

Im Jahr 2009 sind für die Häuser folgende Ausgaben und Einnahmen angefallen:

1. Mehrfamilienhaus

Die Mieteinnahmen betrugen für die vermieteten Wohnungen 2009 insgesamt	24.000 EUR
Hypothekenzinsen	3.500 EUR
Hypothekentilgung	1.000 EUR
Grundbesitzabgaben	1.100 EUR
Gebäudeversicherungen	550 EUR
sonstige Grundstücksaufwendungen	500 EUR
Renovierung der Wohnungen	
a) Erneuerung der Fußbodenbeläge, die durch langjährige Nutzung verschlissen waren	3.000 EUR
b) Überprüfung und Verstärkung der Elektroinstallation	500 EUR
c) Anstreicherarbeiten	700 EUR

2. Einfamilienhaus

Notarkosten gezahlt am 15.01.2009	
a) für die Beurkundung des Grundstückkaufvertrags	400 EUR
b) für die Bestellung der Grundschuld	250 EUR
Disagio, bei Auszahlung im Januar 2009	6.250 EUR
Darlehenszinsen bis zum 30.09.2009	6.750 EUR
vom 01.10. bis 31.12.2009	5.250 EUR
Gebäudeversicherung vom 01.10.2009 bis 30.09.2010 lt. Rechnung vom 10.10.2009	250 EUR
Herstellungskosten	175.000 EUR

Ermitteln Sie die Einkünfte aus Vermietung und Verpachtung für 2009 aus beiden Häusern. Die AfA soll so hoch wie möglich angesetzt werden.

Lösung:

1. Mehrfamilienhaus

Einnahmen:

Mieteinnahmen	24.000 EUR

− **Werbungskosten:**

Hypothekenzinsen	3.500 €	
Hypothekentilgung	0 €	
Grundbesitzabgaben	1.100 €	
Gebäudeversicherung	550 €	
sonstige Grundstücksaufwendungen	500 €	
Renovierung (3.000+500+700)	4.200 €	
AfA nach § 7 Abs. 4 (2 % von 280.000 €)	5.600 €	− 15.450 EUR
		8.550 EUR

2. Einfamilienhaus

Für das Einfamilienhaus sind keine Einkünfte aus Vermietung und Verpachtung anzusetzen, weil es selbst genutzt wird.	0 EUR

= **Einkünfte aus Vermietung und Verpachtung** **8.550 EUR**

Fall:

Der Steuerpflichtige Martin Wachter, München, kann aus Vermietung und Verpachtung eines Wohngebäudes an Privatpersonen im VZ 2009 bisher Mieteinnahmen in Höhe von 52.500,00 € und Werbungskosten in Höhe von 12.000,00 € nachweisen.

Die folgenden Vorgänge (Nr. 1 bis 5) sind noch für die Ermittlung der Einkünfte aus Vermietung und Verpachtung zu berücksichtigen:

1. Die monatlichen Nebenkosten für Dezember 2009 in Höhe von 500,00 € + 19 % USt wurden erst am 04.01.2010 abgebucht.

2. Am 07.04.2009 beglich Herr Wachter eine Nebenkostennachzahlung in Höhe von 400,00 € + 19 % USt für das Jahr 2008.

3. Am 16.06.2009 ging die Kaution eines Mieters in Höhe von 3.000,00 € ein.

4. Am 24.09.2009 erfolgte eine Bankgutschrift von 500,00 € für einen Glasschaden am Wohngebäude, den die Versicherung übernommen und erstattet hat.

5. Zur Finanzierung des Wohngebäudes nahm Herr Wachter ein Darlehen in Höhe von 60.000,00 € auf. Das Darlehen wurde am 01.10.2009 mit 95 % per Bank ausgezahlt. Es hat eine Laufzeit von 5 Jahren.
   Das Darlehen ist mit 8 % pro Jahr zu verzinsen. Die Halbjahreszinsen vom 01.10.2009 bis 31.03.2010 sind am 31.03.2010 zu entrichten.

Ermitteln Sie die Einkünfte aus Vermietung und Verpachtung für Martin Wachter im VZ 2009.

Lösung:

Einnahmen	52.500,00 €	
Kaution (keine Einnahmen) *)	0,00 €	
Versicherungsentgelt	500,00 €	53.000,00 €
− Werbungskosten	12.000,00 €	
Nebenkosten (regelmäßig wiederkehrende Ausgaben; § 11 Abs. 2 EStG)	595,00 €	
Nebenkosten**nach**zahlung (keine regelmäßig wiederkehrende Ausgabe; § 11 Abs. 2 EStG)	476,00 €	
Disagio (5 % = marktüblich) **)	3.000,00 €	
Zinsen (in 2010 WK)	0,00 €	− 16.071,00 €
= **Einkünfte aus Vermietung und Verpachtung**		**36.929,00 €**

*) Die Kaution ist keine Mieteinnahme, weil sie dem Mieter zuzurechnen ist (siehe Lehrbuch, Seite 179).
**) Zum Problem der Marktüblichkeit vgl. Lehrbuch, Seite 179.

Fall:

Der ledige Steuerpflichtige Egon Theis war bis zu seinem Ruhestand selbständiger Zahnarzt in Köln.
Seit dem 1.3.2005 bezieht er eine Rente von der nordrheinischen Ärzteversorgung in Köln in Höhe von monatlich 4.750,00 €.

Ermitteln Sie die sonstigen Einkünfte i.S.d. § 22 EStG für Egon Theis im VZ 2009.

Lösung:

		EUR
sonstige Einkünfte i.S.d. § 22 EStG		
Rente (4.750 € x 12)	57.000,00 €	
– Rentenfreibetrag (50 % von 57.000 €)	– 28.500,00 €	
steuerpflichtiger Teil der Rente	28.500,00 €	
– WKP (§ 9a Nr. 3)	– 102,00 €	
sonstige Einkünfte		**28.398**

Fall:

Ermitteln Sie bei den Fällen 1 bis 3 die sonstigen Einkünfte i.S.d. § 22 EStG
für den VZ 2009.
Begründen Sie Ihre Antwort unter Hinweis auf die Rechtsgrundlagen.

1. Jan Reiser, geboren am 17. März 1969, bezieht seit seinem Arbeitsunfall am 3. Mai 2008 eine jährliche Rente aus der gesetzlichen Unfallversicherung in Höhe von 13.200,00 €.

2. Olga Frei, geboren am 12. Januar 1959, bezieht seit ihrem privaten Sportunfall am 12. Juni 2008 eine jährliche Rente aus einer privaten Unfallversicherung in Höhe von 9.600,00 €.

3. Der ehemals selbständige Steuerberater Frank Röser, geboren am 22. Juni 1942, erhält seit dem 1. Januar 2008 vom Versorgungswerk der Steuerberater eine jährliche Rente in Höhe von 50.400,00 €. Die bis zum 31. Dezember 2007 angefallenen Beiträge hat er in voller Höhe selbst geleistet. Das Versorgungswerk bescheinigt Herrn Röser, dass 20 % seiner Rente aus Beiträgen erwirtschaftet wurden, die oberhalb des Höchstbetrages zur gesetzlichen Rentenversicherung lagen. Der maßgebende Höchstbetrag wurde in den letzten 14 Jahren der Beitragszahlung jedes Jahr überschritten. Herr Röser hat für den Veranlagungszeitraum 2009 einen Antrag gem. § 22 Abs. 1 Satz 3 Buchst. a Doppelbuchstabe bb Satz 2 EStG gestellt.

Lösung:

Zu 1.

Die Einkünfte i.S.d. § 22 EStG betragen **0,00 €**. Die Rente aus der gesetzlichen Unfallversicherung ist nach § 3 Nr. 1a EStG **steuerfrei**.

Zu 2.

Die Einkünfte i.S.d. § 22 EStG betragen **2.874,00 €** [31 % v. 9.600,00 € – 102,00 € (§ 9a Nr. 3)]. Die Leibrente aus einer privaten Unfallversicherung unterliegt nur mit ihrem **Ertragsanteil** der Besteuerung (§ 22 Nr. 1 S. 3 Buchst. a Doppelbuchst. bb S. 4 EStG). Frau Frei hat zum Zeitpunkt des Rentenbeginns das **49. Lebensjahr** vollendet. Der Ertragsanteil beträgt gem. § 22 Nr. 1 S. 3 Buchst. a Doppelbuchst. bb Satz 4 EStG 31 %.

Zu 3.

Aufgrund des Antrags (§ 22 Nr. 1 S. 3 Buchst. a Doppelbuchst. bb Satz 2 EStG) gilt für Herrn Röser die „**Öffnungsklausel**", d. h. seine Rente wird in die folgenden beiden unterschiedlich zu besteuernden Bestandteile aufgeteilt:
1. Rentenanteil, der der Besteuerung i.S.d. § 22 Nr. 1 S. 3 Buchst. a Doppelbuchst. aa EStG unterliegt (Rentenanteil aufgrund von Beitragszahlungen, die den Höchstbetrag zur gesetzlichen Rentenversicherung **nicht überstiegen** haben),
2. Rentenanteil, der der Besteuerung i.S.d. § 22 Nr. 1 S. 3 Buchst. a Doppelbuchst. bb EStG unterliegt (Rentenanteil aufgrund von Beitragszahlungen, die den Höchstbetrag zur gesetzlichen Rentenversicherung **überstiegen** haben).

Zu 1.
Der Rentenanteil beträgt **40.320,00 €** (80 % v. 50.400,00 €).

Zu 2.
Der Rentenanteil beträgt **10.080,00 €** (20 % v. 50.400,00 €).
(Hinweis: Herr Röser hat zu Rentenbeginn das 65. Lebensjahr vollendet.)

Ermittlung der sonstigen Einkünfte gem. § 22 EStG:

Steuerpflichtiger Teil der **Rente aus 1.** (56 % v. 40.320,00 €)	22.579,20 €
Steuerpflichtiger Teil der **Rente aus 2.** (18 % v. 10.080,00 €)	1.814,40 €
= steuerpflichtige Einnahmen i.S.d. § 22 EStG	24.393,60 €
– Werbungskosten-Pauschbetrag (§ 9a Nr. 3)	– 102,00 €
= sonstige Einkünfte i.S.d. § 22 EStG	**24.291,60 €**

Hinweis:
Der Antrag ist im vorliegenden Fall sinnvoll, da ansonsten die gesamte Rente i.S.d. § 22 Nr. 1 S. 3 Buchst. a Doppelbuchstabe aa EStG besteuert würde (nachgelagerte Besteuerung in Höhe von 56 %). Aufgrund des Antrags unterliegen jedoch 10.080,00 € lediglich einem Besteuerungsanteil von 18 %. Die sonstigen Einkünfte sinken aufgrund dieses Antrags um 3.830,40 € (38 % von 10.080,00 €).

Fall:

Die Eheleute Achim und Helga Holzmann, Mainz, werden zusammen zur Einkommensteuer veranlagt. Achim Holzmann ist als selbständiger Steuerberater tätig, Helga Holzmann erzielt lediglich Einkünfte aus Vermietung und Verpachtung.
Im VZ 2009 weisen sie folgende Aufwendungen nach, die sie als Sonderausgaben geltend machen wollen:

Beiträge zur Krankenversicherung	2.570 Euro
Beiträge zur Pflegeversicherung	364 Euro
Beiträge zur berufsständigen Versorgungseinrichtung	1.072 Euro
Beiträge zur Kapitallebensversicherung i.S.d. § 10 Abs. 1 Nr. 2b	2.400 Euro
Beiträge zur Kfz-Haftpflichtversicherung	480 Euro
Beiträge zur Kfz-Kaskoversicherung	148 Euro
Beiträge zur Hausratversicherung	120 Euro

Wie hoch sind insgesamt die abzugsfähigen Sonderausgaben für den VZ 2009?
Eine Günstigerprüfung ist vorzunehmen (Vergleich Rechtslage 2009 mit Rechtslage 2004).

Lösung:

Rechtslage 2009:

SA 1:

Sonderausgaben-Pauschbetrag (§ 10c Abs. 1)	72,00 €

SA 2:

Altersvorsorgeaufwendungen (§ 10 Abs. 1 Nr. 2): (68 % von 3.472 €; Höchstbetrag gem. § 10 Abs. 3)	2.360,96 €
sonst. Vorsorgeaufw. (§ 10 Abs. 1 Nr. 3) gesamt 3.414,00 €	
Begrenzung auf den Höchstbetrag von (Abs. 4) 3.000,00 €	3.000,00 €
abzugsfähige Sonderausgaben nach der Rechtslage 2009	5.432,96 €

Rechtslage 2004:

SA 1:

Sonderausgaben-Pauschbetrag	72,00 €

SA 2:

Summe der Versicherungsbeiträge		6.886,00 €	
Vorwegabzug	6.136,00 €		
Kürzung: 16 % von 0,00 €	0,00 €	6.136,00 €	6.136,00 €
Restbetrag		750,00 €	
Höchstbetrag		2.668,00 €	
abziehbar			750,00 €
abzugsfähige Sonderausgaben nach der Rechtslage 2004 (günstiger)			**6.958,00 €**

Fall:

Die Eheleute Wolfgang und Ute Maier, Bonn, werden zusammen zur Einkommensteuer veranlagt. Wolfgang Maier war bis zu seinem Ruhestand im VZ 2007 als selbständiger Kinderarzt in Gummersbach tätig. Ute Maier ist in 2009 noch als leitende Angestellte tätig. Die Eheleute gehören keiner Konfession an und haben keine Kinder.
Ermitteln Sie mit Hilfe der folgenden Angaben die abzugsfähigen Sonderausgaben für den VZ 2009.

Beiträge zur privaten Kranken-und Pflegeversicherung (EM), monatlich	450,00 €
Beiträge zur Zusatzkrankenversicherung (EF), monatlich	60,00 €
Beiträge zur Kfz-Haftpflichtversicherung (Eheleute) halbjährlich	360,00 €
Beiträge zur Unfallversicherung (EM), monatlich	18,00 €
AN-Anteil zur gesetzlichen Rentenversicherung (EF)	3.778,00 €
AN-Anteil am Gesamtsozialversicherungsbeitrag lt. Zeile 25 der Lohnsteuerbescheinigung 2009	4.185,00 €

Lösung:

Sonderausgaben 1 (SA 1)		
Sonderausgaben-Pauschbetrag (§ 10c Abs. 1 EStG)		72 €
Sonderausgaben 2 (SA 2)		
Altersvorsorgeaufwendungen (§ 10 Abs. 3 EStG)		
AN-Anteil zur gesetzlichen RV	3.778 €	
AG-Anteil zur gesetzlichen RV	3.778 €	
	7.556 €	
davon in 2009 68 % (68 % von 7.556 €)	5.138 €	
– AG-Anteil zur gesetzlichen RV	– 3.778 €	
= abzugsfähige Altersvorsorgeaufwendungen		1.360 €
sonstige Vorsorgeaufwendungen (§ 10 Abs. 4 EStG)		
AN-Anteil (EF) lt. Zeile 25	4.185 €	
private KV und PV (450 € x 12)	5.400 €	
Zusatzkrankenversicherung (60 € x 12)	720 €	
Kfz-Haftpflichtversicherung (360 € x 2)	720 €	
Unfallversicherung (18 € x 12)	216 €	
	11.241 €	
Höchstbetrag für Wolfgang Maier	2.400 €	
Höchstbetrag für Ute Maier	1.500 €	
= abzugsfähige sonstige Vorsorgeaufwendungen		3.900 €
= abzugsfähige Sonderausgaben im VZ 2009		**5.332 €**

Fall:

Die 20-jährige Tina Freund, die während des ganzen Kalenderjahres 2009 studiert hat, erzielte aus einer nebenbei ausgeübten Beschäftigung einen steuerpflichtigen Bruttoarbeitslohn von 9.000 €. Der Arbeitnehmeranteil zur Sozialversicherung betrug 1.800 €. Werbungskosten sind in Höhe von 1.200 € angefallen. Daneben erzielte Tina Freund Zinserträge (vor Abzug von Kapitalertragsteuer und Solidaritätszuschlag) in Höhe von 1.051 €. Ein Freistellungsauftrag liegt der Bank vor.

Prüfen Sie, ob der Jahresgrenzbetrag nach § 32 Abs. 4 Satz 2 EStG überschritten wurde.

Lösung:

Ermittlung der Einkünfte:

Bruttoarbeitslohn	9.000 €		
– Werbungskosten	– 1.200 €		
Einkünfte (§ 19 EStG)	7.800 €	⟶	7.800 €
Zinseinnahmen	1.051 €		
– Sparer-Pauschbetrag (§ 20 Abs. 9 EStG)	– 801 €		
Einkünfte (§ 20 EStG)	250 €	⟶	250 €

Ermittlung der Bezüge:

Sparer-Pauschbetrag	801 €		
– Kostenpauschale	– 180 €		
Bezüge	621 €	⟶	621 €
Summe der Einkünfte und Bezüge			8.671 €
– Arbeitnehmeranteil am Gesamtsozialversicherungsbeitrag			– 1.800 €
= **Bemessungsgrundlage für den Jahresgrenzbetrag** nach § 32 Abs. 4 Satz 2 EStG			**6.871 €**

Der Jahresgrenzbetrag von 7.680 Euro ist nicht überschritten.
Tina Freund ist bei ihren Eltern ein zu berücksichtigendes Kind.

Fall:

Der Steuerpflichtige Günter Maier, München, geb. am 15.12.1946, beschäftigt von Januar 2009 bis September 2009 eine geringfügig entlohnte Beschäftigte als Reinigungskraft. Die Aufwendungen betrugen im VZ 2009 insgesamt 4.707,72 €.

Wie können die Aufwendungen steuerrechtlich bei Günter Maier im VZ 2009 berücksichtig werden?

Lösung:

Von den Aufwendungen in Höhe von 4.707,72 € kann Günter Maier steuerrechtlich im VZ 2009 folgenden Betrag in Anspruch nehmen:

Der Steuerpflichtige Günter Maier kann nach § 35a Abs. 1 EStG **510 Euro** (20 % von 4.77,72 €, höchstens 510 Euro) geltend machen.

Die bisherige Zwölftelung des Höchstbetrags ist weggefallen (siehe Lehrbuch Seite 344).

Fall:

Die Eheleute Katharina und Martin Müller, Stuttgart, die zusammen zur Einkommensteuer veranlagt werden, haben einen 9-jährigen Sohn, der in ihrem Haushalt lebt. Herr Müller ist berufstätig. Frau Müller führt den Haushalt. Für die Beaufsichtigung des Kindes bei der Erledigung der Hausaufgaben erhalten die Eltern zu Hause Unterstützung durch eine pädagogisch geschulte Person von einer Dienstleistungsagentur. Die Kosten für die Betreuung betragen jährlich 2.400 €. Die Kosten werden durch Rechnungen und Zahlungsbelege nachgewiesen.

1. Können die Eltern die Kosten im VZ 2009 wie Werbungskosten abziehen?
2. Können die Eltern die Kosten im VZ 2009 als Sonderausgaben abziehen?
3. Können die Eltern die Kosten nach § 35a EStG im VZ 2009 berücksichtigen?

Lösung:

---

zu 1.

Die Eltern können die Kosten im VZ 2009 **nicht** wie Werbungskosten abziehen, weil die Voraussetzungen nach § 9c Abs. 1 EStG (**beide** Elternteile müssen erwerbstätig sein) **nicht** erfüllt sind.

zu 2.

Die Eltern können die Kosten im VZ 2009 **nicht** als Sonderausgaben abziehen, weil die Voraussetzungen nach § 9c Abs. 2 EStG **nicht** erfüllt sind.

zu 3.

Die Eltern können in ihrer Einkommensteuererklärung 2009 eine **Steuerermäßigung** in Höhe von **480 €** (20 % von 2.400 € = 480 €) geltend machen. Der Höchstbetrag von 4.000 Euro wird nicht überschritten (§ 35a Abs. 2 Satz 1 EStG).

Fall:

Die Eheleute Pia und Karsten Schmitz, Köln, die zusammen zur Einkommensteuer veranlagt werden, haben eine 5-jährige Tochter und einen 2-jährigen Sohn, die in ihrem Haushalt leben. Herr Schmitz ist berufstätig. Frau Schmitz führt den Haushalt. Für ihre 5jährige Tochter zahlen sie einen Kindergartenbeitrag von monatlich 75 € und für ihren 2-jährigen Sohn, der durch eine pädagogisch geschulte Person einer Dienstleistungs-agentur betreut wird, monatlich 150 €. Die Kosten werden durch Rechnungen und Zahlungsbelege nachgewiesen.

1. Können die Eltern die Kosten im VZ 2009 wie Werbungskosten abziehen?
2. Können die Eltern die Kosten im VZ 2009 als Sonderausgaben abziehen?
3. Können die Eltern die Kosten nach § 35a EStG im VZ 2009 berücksichtigen?

Lösung:

zu 1.

Die Eltern können die Kosten für ihre Kinder im VZ 2009 **nicht** wie Werbungs-kosten abziehen, weil die Voraussetzungen nach § 9c Abs. 1 EStG (**beide** Elternteile müssen erwerbstätig sein) **nicht** erfüllt sind.

zu 2.

Für die **5-jährige Tochter** können die Eltern von den Kinderbetreuungskosten **600 €** [2/3 von 900 € (75 € x 12) = 600 €] als **Sonderausgaben** nach § 9c Abs. 2 EStG abziehen.
Für ihren **2-jährigen Sohn** können die Eltern die Kosten im VZ 2009 **nicht** als Sonderausgaben abziehen, weil die Voraussctzungen nach § 9c Abs. 2 EStG nicht erfüllt sind.

zu 3.

Die Eltern können für ihren **2-jährigen Sohn** in ihrer Einkommensteuererklärung 2009 eine **Steuerermäßigung** in Höhe von **360 €** (20 % von 1.800 € = 360 €) geltend machen. Der Höchstbetrag von 4.000 Euro wird nicht überschritten (§ 35a Abs. 2 Satz 1 EStG).
Die **5-jährige Tochter** kann nach § 35a Abs. 5 Satz 1 EStG **nicht** berücksichtigt werden, weil für sie Sonderausgaben abgezogen worden sind.

Fall:

1 Sachverhalt

1.1 Allgemeines

Die ledige Steuerpflichtige Inge Maier, geb. am 10.08.1949, wohnt seit 2009 in Düsseldorf. In ihrem Haushalt lebt ein Pflegekind, das am 27.07.1996 geboren ist und in 2009 eine Realschule in Düsseldorf besucht. Das Kind ist mit Hauptwohnung bei Frau Maier gemeldet. Inge Maier hat in 2009 Kindergeld in Höhe von 2.068 Euro erhalten. Eine Haushaltsgemeinschaft mit einer anderen Person besteht nicht.

1.2 Einkünfte

1.2.1 Gehalt

Inge Maier war bis 31.08.2009 als Prokuristin beschäftigt. Ihr Bruttoarbeitslohn betrug für die Zeit vom 01.01. bis 31.08.2009 21.670 €.

1.2.2 Ruhegehalt

Die Steuerpflichtige trat am 31.08.2009 in den Ruhestand. Für die Zeit vom 01.09. bis 31.12.2009 erhielt sie von ihrem früheren Arbeitgeber ein Ruhegehalt, das nicht auf eigenen früheren Beitragsleistungen beruht, von insgesamt 1.400 €. Frau Maier ist nicht behindert.

1.2.3 Zinsen

Von ihrer Bausparkasse wurden Inge Maier 2009 Zinsen in Höhe von 300 € gutgeschrieben, die sie als Beitragszahlung verwendete. Ein Abzug der KapESt und des SolZ erfolgte nicht, weil die Kapitalerträge den Betrag des Freistellungsauftrags nicht überschritten haben.

1.2.4 Grundbesitz

Die Steuerpflichtige hat Ende 2009 von einer Bauträgergesellschaft eine als Einfamilienhaus bewertete Eigentumswohnung für 190.000 € erworben. Von den Anschaffungskosten entfallen 5.000 € auf Grund und Boden. Die Eigentumswohnung wird seit Ende 2009 von Inge Maier bewohnt.

Im VZ 2009 sind im Zusammenhang mit dem Grundstück folgende Ausgaben angefallen:

Brandversicherung	135 €
Darlehenszinsen	600 €
Grundsteuer	105 €

1.2.5 Rente

Aus der gesetzlichen Rentenversicherung erhält Inge Maier seit 01.09.2009 eine monatliche Brutto-Altersrente von 900 €. Der Zuschuss zur Krankenversicherung betrug insgesamt 248 €.

1.3 Sonstige Aufwendungen

Im VZ 2009 weist Inge Maier folgende Ausgaben nach, die sie als Sonderausgaben geltend machen will:

Beiträge zur Lebensversicherung (Altvertrag i.S.d. § 10 Abs.1 Nr. 3b)	1.382,00 €
Arbeitnehmeranteil zur Rentenversicherung	3.091,00 €
Beiträge zur Kranken- und Pflegeversicherung (ohne Zuschuss)	2.053,00 €
Beiträge zur Arbeitslosenversicherung	750,00 €
Beiträge zur Unfallversicherung	53,00 €
private Kfz-Haftpflichtversicherung	353,46 €
Hausratversicherung	60,00 €
Lohnkirchensteuer	576,00 €

Die Steuerpflichtige unterstützte 2009 ihre vermögenslose Mutter bis zu deren Tod am 30.05.2009 mit monatlich 130 €. Die Mutter erzielte eine Rente von monatlich 375 €, deren steuerlicher Besteuerungsanteil 50 % betragen hat. Ein Krankenversicherungszuschuss wurde nicht gezahlt.

Frau Maier hatte in der Zeit vom 01.01. bis 31.08.2009 berücksichtigungsfähige Aufwendungen für Dienstleistungen zur Betreuung des Pflegekindes in Höhe von monatlich 200 €.

Daneben beschäftigt Frau Maier eine Hilfe im Haushalt. Die Kosten für die Beschäftigung der Hilfe im Haushalt haben im VZ 2009 insgesamt 600 € einschließlich Sozialversicherungsbeiträge betragen.

2 Aufgabe

1. Nehmen Sie Stellung zur persönlichen Steuerpflicht, zu den altersmäßigen Vergünstigungen der Steuerpflichtigen, zu den zu berücksichtigenden Kindern, zur Veranlagungsart und zum Steuertarif.

2. Ermitteln Sie das zu versteuernde Einkommen der Inge Maier für den VZ 2009.

Lösung:

1. Persönliche Steuerpflicht

Inge Maier ist unbeschränkt einkommensteuerpflichtig, weil sie im Inland einen Wohnsitz hat (§ 1 Abs. 1).

2. Alter der Steuerpflichtigen

Vor Beginn des VZ 2009 war Inge Maier 59 Jahre alt. Inge Maier erfüllt nicht die altersmäßige Voraussetzung für die Gewährung des Altersentlastungsbetrags (§ 24a).

3. Zu berücksichtigende Kinder

Das Pflegekind ist ein zu berücksichtigendes Kind. Es hatte im Kalenderjahr 2009 das 18. Lebensjahr noch nicht vollendet (§ 32 Abs. 3). Da das Kind das 18. Lebensjahr noch nicht vollendet hat, hat Frau Maier Anspruch auf einen vollen Kinderfreibetrag und einen vollen Betreuungsfreibetrag (§ 32 Abs. 6).

Außerdem steht ihr der Entlastungsbetrag für Alleinerziehende zu (§ 24b). Weiterhin sind die Voraussetzungen des § 9c für die Zeit vom 1.1. bis 31.8.2009 erfüllt.

4. Veranlagungsart

Für Inge Maier ist die Einzelveranlagung durchzuführen, weil sie ledig ist (§ 25 Abs. 1).

5. Steuertarif

Ihr Einkommen wird nach dem Grundtarif versteuert (§ 32a Abs. 1).

Ermittlung des zu versteuernden Einkommens

		EUR
Einkünfte aus nichtselbständiger Arbeit (§ 19)		
Tz. 1.2.1 und 1.2.2		
Gehalt	21.670 €	
Ruhegehalt (keine Versorgungsbezüge)	1.400 €	
	23.070 €	
– Versorgungsfreibetrag (§ 19 Abs. 2 Nr. 2) (Inge Maier hat das 63. Lebensjahr noch nicht vollendet)	0 €	
– Arbeitnehmer-Pauschbetrag (§ 9a Nr. 1a)	– 920 €	
– erwerbsbedingte Kinderbetreuungskosten (§ 9c) (2/3 von 1.600 € (8 x 200 €))	– 1.067 €	21.083
Einkünfte aus Kapitalvermögen (§ 20)		
Tz. 1.2.3		
Zinsen	300 €	
– Sparer-Pauschbetrag 801 Euro, höchstens	– 300 €	0
Einkünfte aus Vermietung und Verpachtung (§ 21)		
Tz. 1.2.4		
Für das EFH werden keine Einkünfte angesetzt, weil es selbst genutzt wird.		0
Übertrag:		21.083

	EUR
Übertrag:	21.083

sonstige Einkünfte i.S. des § 22

Tz. 1.2.5

Rente 4 x 900 € = 3.600 €		
davon 58 % Besteuerungsanteil (§ 22 Nr. 1)	2.088 €	
Der Zuschuss zur KV ist stfr. (§ 3 Nr. 14)		
– Werbungskosten-Pauschbetrag (§ 9a Nr. 3)	– 102 €	1.986
= Summe der Einkünfte		**23.069**
– Entlastungsbetrag für Alleinerziehende (§ 24b)		– 1.308
= Gesamtbetrag der Einkünfte		**21.761**
– Sonderausgaben 1 (SA 1)		
Lohnkirchensteuer (§ 10 Abs. 1 Nr. 4)		576

– Sonderausgaben 2 (SA 2)

Altersvorsorgeaufwendungen (§ 10 Abs. 1 Nr. 2a + Abs. 3)

68 % von 6.182 € (3.091 € + 3.091 €) = 4.204 € – 3.091 € =		1.113

sonstige Vorsorgeaufwendungen (§ 10 Abs. 1 Nr. 3 + Abs. 4)

Lebensversicherungsbeiträge (88 % von 1.382 €)	1.216 €	
Kranken- und Pflegeversicherung	2.053 €	
Arbeitslosenversicherung	750 €	
Unfallversicherung	53 €	
private Kfz-Haftpflichtversicherung	353 €	
Hausratversicherung (nicht berücksichtigungsfähig)	0 €	
	4.425 €	
Nach § 10 Abs. 4 Satz 2 kann nur der Höchstbetrag von 1.500 Euro angesetzt werden.		1.500

– **außergewöhnliche Belastungen** (§ 33a Abs. 1 + 3)

a) nach § 33a Abs. 1

Unterhaltsaufwendungen für die Mutter

Höchstbetrag für das Kalenderjahr	7.680 €	
ermäßigter Höchstbetrag für 5 Monate	3.200 €	
Einkünfte und Bezüge der Mutter		
(937,50 –102) + (937 –180 x 5/12)	1.698 €	
abzüglich ermäßigter Karenzbetrag	– 260 €	
schädlich	1.438 €	
verbleiben	1.762 €	
tatsächliche Aufwendungen (130 x 5)	650 €	
als agB anzusetzen höchstens Aufwendungen		650
Übertrag:		17.922

	EUR
Übertrag:	17.922
= Einkommen	17.922
Kindergeld ist um **580 €** günstiger als der volle Kinderfreibetrag und der volle Betreuungsfreibetrag	0
= zu versteuerndes Einkommen	**17.922**

Günstigerprüfung:

17.922 €	=	2.213 € ESt
17.922 €		
− 3.864 € (KFB)		
− 2.160 € (BFB)		
11.898 €	=	725 € ESt
Differenzbetrag		1.488 € ESt
Kindergeld		2.068 €
günstiger um		**580 €**

Frau Maier kann noch eine **Steuerermäßigung** nach § 35a EStG von **120 €** (20 % von 600 €) für die Hilfe im Haushalt geltend machen.

Fall:

1 Sachverhalt

1.1 Allgemeines

Johannes Reuter, geb. am 20.12.1944, ist seit 1974 mit Petra geb. Schneider, geb. am 01.10.1952, verheiratet. Die Eheleute wohnen in Aachen. Sie haben folgende Kinder:

Dieter, geb. am 14.06.1988, ledig. Dieter ist seit 2004 wegen eines schweren Sportunfalls behindert und außerstande, sich selbst zu unterhalten. Er ist nicht hilflos i.S.d. § 33b Abs. 6 Satz 2. Der Grad der Behinderung beträgt 100. Dieter hat keine eigenen Einkünfte und Bezüge. Die Eltern erhalten für Dieter in 2009 Kindergeld in Höhe von 2.068 Euro.

Dagmar, geb. am 01.01.1983, ledig. Sie studiert bis zum Examen am 30.04.2009 in Freiburg Philosophie und war auch vom 01.01. bis 30.04.2009 dort untergebracht. Die von den Eltern getragenen Studienkosten betragen in 2009 1.300 €. Seit Beendigung des Studiums hält sich Dagmar kostenlos bei Freunden in Frankreich auf. Sie hat weder eigene Einkünfte noch eigenes Vermögen. Die Eltern erhalten für Dagmar in 2009 kein Kindergeld.

1.2 Einkünfte

1. Johannes Reuter betreibt in Aachen eine Einzelhandlung mit Elektrogeräten. Er ermittelt seinen Gewinn nach § 5. Sein Eigenkapital betrug lt. Steuerbilanz

zum 31.12.2008	110.500 €
zum 31.12.2009	102.000 €

   Die in 2009 gebuchten Privatentnahmen belaufen sich auf 28.970 €.

   Die folgenden Sachverhalte des Jahres 2009 sind auf ihre gewinnmäßige Auswirkung zu prüfen. Der Gewinn ist ggf. zu berichtigen. Es soll der niedrigstmögliche Gewinn ausgewiesen werden.

   a) Eine Stereoanlage, Anschaffungskosten 1.150 €, wurde in der Bilanz des Vorjahres auf Grund einer Preissenkung zulässigerweise mit 900 € angesetzt. Die Anlage war zum 31.12.2009 noch vorhanden. Infolge steigender Preise hatte sie am 31.12.2009 einen Teilwert von 1.150 €. Mit diesem Wert wurde sie zum 31.12.2009 bilanziert. Eine Zuschreibung in Höhe von 250 € erfolgte im Laufe des Jahres 2009.
   b) Die private Kfz-Nutzung von 1.000 € wurde noch nicht gebucht. Von den 1.000 € (anteilige Kfz-Kosten einschl. AfA) entfallen 250 € auf Kfz-Steuer und Kfz-Versicherung.
   c) Reuter hat in 2009 wegen zu spät entrichteter ESt 35 € und zu spät gezahlter USt 30 € Säumniszuschlag aufgewendet. Beide Beträge wurden als Betriebsausgaben gebucht.
   d) Im Mai 2009 wurden zwei Schreibtische für je 350 € angeschafft und als GWG voll abgeschrieben.
   e) Reuter entnahm im November 2009 zum Betriebsvermögen gehörende Wertpapiere, deren Anschaffungskosten (= Buchwert) 1.600 € betragen haben. Er buchte:

   Privat an Wertpapiere 1.600 €

   Sofort nach der Entnahme verkaufte er die Wertpapiere zum Wert von 2.000 €.

f) Reuter hat für sich privat einen Radiowecker entnommen zum Nettoeinkaufspreis von 50 €. Es wurde gebucht:

Privat an Wareneingang 50 €

Die Umsatzsteuer in Höhe von 8 € ist noch nicht gebucht worden.

g) Beim Kauf eines unbebauten Betriebsgrundstücks wurden 500 € Grunderwerbsteuer und 400 € Notargebühren gezahlt. Die Steuern wurden dem Konto "Steuern" und die Notargebühren dem Konto "Rechtskosten" belastet.

2. Frau Reuter ist an einer KG in Krefeld mit 30 % beteiligt. Das Wirtschaftsjahr der KG läuft vom 01.04. bis 31.03. Die KG hat im Wirtschaftsjahr 2008/2009 einen Gewinn von 25.000 € und im Wirtschaftsjahr 2009/2010 einen Verlust von 5.000 € erzielt.

3. Die Eheleute bewohnen ein in Aachen gelegenes Einfamilienhaus (Baujahr 2009), das die Eheleute 2009 für 150.000 € erworben haben. An Anschaffungsnebenkosten sind 6.000 € angefallen, die in 2009 bezahlt wurden.

4. Herr Reuter erwarb im August 2009 privat Goldmünzen für 2.800 €, die er im Dezember 2009 für 3.250 € verkaufte.

5. Herr Reuter bezieht seit 01.01.2005 eine monatliche Rente von 500 € aus einer privaten Lebensversicherung.

1.3 Sonstige Ausgaben

Die Eheleute Reuter machen für 2009 folgende Beträge als Sonderausgaben geltend:

Kranken- und Pflegeversicherung	1.965,00 €
Hausratversicherung	70,00 €
Lebensversicherung (Altvertrag i.S.d. § 10 Abs. 1 Nr. 3b)	9.795,00 €
Kfz-Versicherung für Privatwagen	
– Haftpflicht	110,00 €
– Kasko	35,00 €
– Unfall	20,00 €
Kfz-Haftpflichtversicherung für Geschäftswagen (Privatanteil)	60,00 €
Haushaftpflichtversicherung	40,00 €
gezahlte Kirchensteuer	930,00 €
Spenden für kirchliche Zwecke	300,00 €

2. Aufgaben

2.1 Nehmen Sie Stellung zur persönlichen Steuerpflicht, zu den altersmäßigen Vergünstigungen der Steuerpflichtigen, zu den zu berücksichtigenden Kindern, zur Veranlagungsart und zum Steuertarif.

2.2 Ermitteln Sie das zu versteuernde Einkommen der Eheleute Reuter für den VZ 2009.

Lösung:

---

1. Persönliche Steuerpflicht
Die Eheleute Reuter sind unbeschränkt einkommensteuerpflichtig, weil sie im Inland einen Wohnsitz haben (§ 1 Abs. 1).

2. Alter der Steuerpflichtigen
Vor Beginn des VZ 2009 hatte Herr Reuter das 64. und Frau Reuter das 56. Lebensjahr vollendet.
Nur Herr Reuter erfüllt die altersmäßige Voraussetzung für die Gewährung des Altersentlastungsbetrags (§ 24a).

3. Zu berücksichtigende Kinder
Sohn Dieter ist ein leibliches Kind der Eheleute Reuter. Er hatte 2009 das 20. Lebensjahr vollendet. Er ist 2009 ein zu berücksichtigendes Kind, weil er behindert und außerstande ist, sich selbst zu unterhalten und die Behinderung vor Vollendung des 25. Lebensjahrs eingetreten ist (§ 32 Abs. 4 Nr. 3). Für Dieter haben die Eltern Anspruch auf die vollen Freibeträge nach § 32 Abs. 6.
Tochter Dagmar ist ebenfalls ein leibliches Kind der Eheleute Reuter. Sie hatte 2009 das 26. Lebensjahr vollendet und ist nicht behindert. Sie ist kein zu berücksichtigendes Kind.

4. Veranlagungsart
Die Eheleute Reuter werden zusammen veranlagt, weil beide unbeschränkt einkommensteuerpflichtig sind, nicht dauernd getrennt leben und keiner eine getrennte Veranlagung beantragt hat (§§ 26 und 26b).

5. Steuertarif
Das Einkommen der Eheleute wird nach dem Splittingtarif versteuert, weil sie zusammen veranlagt werden (§ 32a Abs. 5).

6. Ermittlung des Gesamtbetrags der Einkünfte

		Ehemann EUR	Ehefrau EUR	gesamt EUR
Einkünfte aus Gewerbebetrieb (§ 15)				
Ehemann:				
BV am 31.12.2009	102.000 €			
BV am 31.12.2008	110.500 €			
Unterschiedsbetrag	− 8.500 €			
+ Entnahmen (vorl.)	28.970 €			
vorl. Gewinn	20.470 €			
a) der Bilanzansatz ist richtig angesetzt (TW = AK)	0 €			
b) private Kfz-Nutzung	+ 1.000 €			
c) Säumniszuschlag ESt	+ 35 €			
d) Rückgängigmachung zu hoher AfA (700 € − 140 € Poll-AfA)	+ 560 €			
e) Entnahmegewinn (TW − BW)	+ 400 €			
f) USt erfolgsneutral	0 €			
g) zu aktivieren	+ 900 €	23.365		
Ehefrau:				
30 % des Gewinns der KG für das Wirtschaftsjahr 2008/2009 (§ 4a Abs. 2 Nr. 2)			7.500	30.865
Übertrag:		23.365	7.500	30.865

	Ehemann EUR	Ehefrau EUR	gesamt EUR
Übertrag:	23.365	7.500	30.865
Einkünfte aus V + V (§ 21)			
Für das EFH werden keine Einkünfte angesetzt, weil das EFH selbst genutzt wird.		0	0
sonstige Einkünfte im Sinne des § 22			
Leibrente 6.000 € Besteuerungsanteil: 50 % von 6.000 € = 3.000 €			
− WKP (§ 9a Nr. 3) − 102 €	2.898		2.898
Private Veräußerungsgeschäfte i.S.d. § 23 Tz. 2.4: 450 € liegen unter der Freigrenze von 512 Euro (Abs. 3 S. 6)	0		0
= Summe der Einkünfte	**26.263**	**7.500**	**33.763**
− Altersentlastungsbetrag (§ 24a)			
Ehemann: 33,6 % von 23.365 €, höchstens			1.596
= Gesamtbetrag der Einkünfte			**32.167**

7. Ermittlung der Sonderausgaben

		EUR

– Sonderausgaben 1 (SA 1)

Kirchensteuer (§ 10 Abs. 1 Nr. 4)	930 €	
Spenden für kirchliche Zwecke (§ 10b Abs. 1)	300 €	1.230

– Sonderausgaben 2 (SA 2)

Altersvorsorgeaufwendungen (§ 10 Abs. 3)		0

sonstige Vorsorgeaufwendungen (§ 10 Abs. 1 Nr. 3 + Abs. 4)

Kranken- und Pflegeversicherung	1.965 €	
Hausrat (nicht berücksichtigungsfähig)	0 €	
Lebensversicherung (88 % von 9.795 €)	8.620 €	
Kfz-Haftpflichtversicherung	110 €	
Kfz-Kasko (nicht berücksichtigungsfähig)	0 €	
Kfz-Unfallversicherung	20 €	
Kfz-Haftpflichtversicherung (Privatanteil)	60 €	
Haushaftpflichtversicherung	40 €	
	10.815 €	
Höchstbeträge für die Eheleute (2.400 € + 2.400 €)		4.800
abzugsfähige Sonderausgaben insgesamt		**6.030**

8. Ermittlung der außergewöhnlichen Belastungen

		EUR

nach § 33a **Abs. 1**

für Sohn **Dieter** können Unterhaltsaufwendungen als agB
nicht geltend gemacht werden, weil die Eltern für ihn
Kindergeld erhalten.

für Tochter **Dagmar**

absoluter Höchstbetrag für das Kalenderjahr	7.680 €	
ermäßigter Höchstbetrag für 4 Monate	2.560 €	
eigene Einkünfte und Bezüge	0 €	
tatsächliche Aufwendungen	1.300 €	
abziehbare agB		1.300

nach § 33a **Abs. 2**

Freibetrag für Tochter **Dagmar** kann **nicht**
gewährt werden, weil die Eltern für sie **keinen** Freibetrag nach § 32 Abs. 6 EStG/Kindergeld erhalten.

nach **§ 33b**

Der Grad der Behinderung des Sohnes **Dieter** beträgt 100.		1.420
abzugsfähige außergewöhnliche Belastungen insgesamt		**2.720**

9. Ermittlung des zu versteuernden Einkommens

	EUR
Gesamtbetrag der Einkünfte	32.167
– abzugsfähige Sonderausgaben	6.030
– abzugsfähige außergewöhnliche Belastungen	2.720
= **Einkommen**	23.417
Kindergeld ist um 952 € günstiger als die vollen Freibeträge nach § 32 Abs. 6 EStG	0
= **zu versteuerndes Einkommen**	**23.417**

Günstigerprüfung:

23.417 €	=	1.372 € ESt
23.417 €		
– 3.864 € (KFB)		
– 2.160 € (BFB)		
17.393 €	=	256 € ESt
Differenzbetrag		1.116 € ESt
Kindergeld		2.068 €
günstiger um		**952 €**

Fall:

1. Sachverhalt

Eheleute Wilhelm und Erika Streibl sind seit 1973 verheiratet (beide keine Konfession). Laut notariellem Ehevertrag haben die Eheleute Streibl Gütertrennung vereinbart. Sie werden getrennt zur Einkommensteuer veranlagt. Die beiden Kinder Max (30 Jahre) und Karl (28 Jahre) sind seit ihrer Ausbildung berufstätig. Bei keiner Person liegt eine Behinderung vor.

Wilhelm Streibl (geb. am 30.09.1944) betreibt seit 1971 in Landshut eine Schlosserei. Herr Streibl verkauft sein Unternehmen zum 01.10.2009 (00:00 Uhr) an Alfons Huber. Herr Huber übernimmt für einen Kaufpreis von 480.000,00 € das komplette Vermögen (Wert zum 30.09.2009: 770.000,00 €) und sämtliche Schulden (Stand zum 30.09.2009: 470.000,00 €) des Herrn Streibl. Die bei dem Unternehmensverkauf angefallenen Kosten in Höhe von 6.500,00 € für z. B. Rechtsberatung und Grundbucheintrag gehen laut Kaufvertrag zu Lasten des Herrn Streibl. Die zum 30.09.2009 aufgestellte steuerliche Gewinnermittlung weist Betriebseinnahmen in Höhe von 268.000,00 € und Betriebsausgaben in Höhe von 196.000,00 € aus. Herr Streibl erhält seit dem 01.10.2009 eine Rente aus der gesetzlichen Rentenversicherung in Höhe von 1.380,00 € pro Monat. Herr Streibl erzielt in 2009 keine weiteren Einkünfte.

Erika Streibl (geb. am 25.07.1951) arbeitet seit 1989 als angestellte Bilanzbuchhalterin in einem 35 km (einfache Strecke) entfernten Möbelwerk. Ihr monatliches Bruttoeinkommen beträgt 3.100,00 €. Auf der Lohnsteuerkarte befindet sich der Eintrag „III/0". Frau Streibl stellt am 12.02.2009 einen Antrag auf Lohnsteuermäßigung für den Veranlagungszeitraum 2009, in dem sie die folgenden Aufwendungen für 2009 glaubhaft nachweist (weitere Aufwendungen werden nicht geltend gemacht):

- 200 Fahrten zur Arbeitsstätte,
- Unfallschaden (14.01.2009) anlässlich einer Fahrt zur Arbeitsstätte in Höhe von 2.600,00 € (keine Erstattung von dritter Seite, kein Alkoholeinfluss),
- Abonnementkosten für Fachliteratur in Höhe von 500,00 €,
- Seminarkosten für steuerrechtliche/bilanzrechtliche Fortbildungen in Höhe von 1.400,00 €,
- Fahrten zu den Seminarorten, einfache Strecke: 190 km (es erfolgt keine Erstattung der Fahrtkosten von dritter Seite),
- Unfallschaden (05.02.2009) anlässlich einer Dienstreise mit dem eigenen Pkw in Höhe von 880,00 € (keine Erstattung von dritter Seite, kein Alkoholeinfluss).

2. Aufgaben

1. Ermitteln Sie für Herrn Wilhelm Streibl den Gesamtbetrag seiner Einkünfte 2009.

2. Ermitteln Sie den Jahresfreibetrag 2009 und den Monatsfreibetrag 2009, den das Finanzamt auf der Lohnsteuerkarte von Frau Erika Streibl eintragen wird.

Lösung:

zu 1.

Ermittlung Gesamtbetrag der Einkünfte 2009 - Wilhelm Streibl		
	EUR	EUR
Einkünfte aus Gewerbebetrieb (§ 15, § 16)		
Betriebseinnahmen	268.000,00	
– Betriebsausgaben	– 196.000,00	
= steuerpfl. Gewinn aus lfd. Geschäftstätigkeit	72.000,00	72.000,00
Veräußerungspreis Gewerbebetrieb	480.000,00	
– Veräußerungskosten	– 6.500,00	
– Wert des Betriebsvermögens (770.000 € – 470.000 €)	– 300.000,00	
= Veräußerungsgewinn (§ 16 Abs. 2)	173.500,00	
– Freibetrag (§ 16 Abs. 4 Satz 1) 45.000 €		
– Ermäßigungsbetrag (§16 Abs. 4 S. 3) (173.500 € – 136.000 €) – 37.500 €		
= verbleibender Freibetrag 7.500 €	– 7.500,00	
= steuerpfl. Veräußerungsgewinn	166.000,00	166.000,00
sonstige Einkünfte i..S.d. § 22		
Rente (1.380 € x 3 Monate)	4.140,00	
– Rentenfreibetrag (42 % von 4.140 €)	– 1.738,80	
= steuerpflichtiger Teil der Rente (56 %)	2.401,20	
– Werbungskosten-Pauschbetrag (§ 9a Nr. 3)	– 102,00	
= Einkünfte aus Leibrenten	2.299,20	2.299,20
Summe der Einkünfte		240.299,20
– Altersentlastungsbetrag (§ 24a) (33,6 % von 238.000 €, höchstens 1.596 Euro)		– 1.596,00
Gesamtbetrag der Einkünfte 2009		**238.703,20**

zu 2.

Ermittlung Gesamtbetrag des Jahresfreibetrags/Monatsfreibetrags – Streibl	
	EUR
Werbungskosten i. S. d. § 39a Abs. 1 Nr. 1 i. V. m. § 9:	
Fahrten Wohnung – Arbeitsstätte (35 km x 0,30 € x 200 Tage)	2.100,00
Unfallschaden „Fahrten Wohnung – Arbeitsstätte" ist mit der Entfernungspauschale **nicht** mehr abgegolten (siehe Lehrbuch Seite 140).	2.600,00
Fachliteratur	500,00
Seminarkosten	1.400,00
Fahrten zu den Seminarorten (190 km x 2 x 0,30 € = tatsächlich gefahrene Kilometer)	114,00
Unfallschaden "Dienstreise" kann als außergewöhnliche Kosten neben dem pauschalen Kilometersatz angesetzt werden (vgl. H 9.5 "Pauschale Kilometersätze" LStR amtliche Hinweise)	880,00
= Summe der berücksichtigungsfähigen Werbungskosten	7.594,00
– Arbeitnehmer-Pauschbetrag (§9a Nr. 1a)	– 920,00
= **Jahresfreibetrag (§ 39a Abs. 1 Nr. 1)**	**6.674,00**
Monatsfreibetrag (§ 39a Abs. 2 Satz 6)	**667,40**
Die Eintragung wird vorgenommen, weil die Antragsgrenze von 600 Euro überschritten ist (§ 39a Abs. 2 Satz 4).	

Fall:

Für den ledigen angestellten Gas-/Wasserinstallateur Niklas Weber (geb. 20. 11. 1965) aus Düsseldorf sind die unten genannten Sachverhalte (1 bis 3) aus einkommensteuerlicher Sicht zu beurteilen. Herr Weber gehört keiner Religionsgemeinschaft an. Er ist kinderlos. Herr Weber ist ausschließlich an wechselnden Einsatzorten auswärts tätig. Eine regelmäßige Arbeitsstätte am Sitz seines Arbeitgebers existiert nicht. Sein Gesamtbetrag der Einkünfte 2009 beträgt 28.500,00 €.

1 Herr Weber fuhr für insgesamt 4 Monate (zu unterstellen sind 4 Monate x 20 Tage/Monat = 80 Arbeitstage) mit dem eigenen Pkw zu einer Baustelle eines Kunden. Die Entfernung von seinem Wohnort betrug 20 km.
2. Herr Weber war an den 80 Arbeitstagen aus Nr. 1 immer zwischen 9 und 13 Stunden von zu Hause abwesend (Zeit von Reiseantritt bis Reiserückkehr).
3. Herr Weber fuhr mit einem firmeneigenen Servicewagen für eine Woche zu einem Kunden nach Mainz. Die Entfernung betrug 250 km. Die Dienstreise begann am Montag um 6 Uhr und endete am Freitag um 16 Uhr. Herr Weber übernachtete am Montag und Dienstag in einem Hotel. Die Hotelrechnung weist eine Übernachtungspauschale inkl. Frühstück von 65,00 € pro Nacht aus. Herr Weber bezahlte die beiden Übernachtungen aus eigenen Mitteln. Am Mittwoch und Donnerstag übernachtete Herr Weber bei einem Freund unentgeltlich. Außerdem hatte Herr Weber in dieser Woche Parkgebühren in Höhe von 50,00 € bezahlt.

a) Ist bei den Sachverhalten 1 – 3 ein Werbungskostenabzug grundsätzlich möglich? Wenn ja, in welcher Höhe.
b) Ist bei den Sachverhalten 1 – 3 ein steuerfreier Reisekostenersatz durch den Arbeitgeber grundsätzlich möglich? Wenn ja, in welcher Höhe?

Lösung:

<u>zu 1.a)</u>

Eine auswärtige Tätigkeit von mehr als drei Monaten begründet **keine regelmäßige** Arbeitsstätte mehr. Die Fahrten zu der auswärtigen Einsatzstelle stellen somit **keine Fahrten Wohnung – Arbeitsstätte** dar (BFH-Urteil von 16.11.2005, BStBl. 2006 II S. 267 und BFH-Urteil von 29.12.2005, BStBl. 2006 II S. 378).

Die bisher gültige **30-km-Grenze** ist ebenfalls **entfallen**. Für Fahrten innerhalb dieser Zone entfällt seit 2008 der Ansatz der Entfernungspauschale. Steuerpflichtige können für diese Fahrten den Reisekostensatz von 0,30 € pro tatsächlich gefahrenen Kilometer ansetzen (BFH-Urteil von 18.12.2008, BStBl. 2009 II S. 475).

Herr Weber kann für seine 80 Fahrten **960 €** als **Werbungskosten** ansetzen (2 x 20 km x 80 Arbeitstage x 0,30 €/km; vgl. § 9 Abs. 1 EStG, R 9.5 Abs. 1 LStR 2008).

<u>zu 1. b)</u>

Der Arbeitgeber kann Herrn Weber für die 80 Fahrten **960,00 € Reisekosten steuerfrei** erstatten (vgl. § 3 Nr. 16 EStG, R 9.5 Abs. 2 LStR 2008). Ein zusätzlicher Ansatz als Werbungskosten ist insoweit bei Herrn Weber nicht möglich

zu 2. a)

Bei derselben Auswärtstätigkeit beschränkt sich der Abzug der Verpflegungsmehraufwendungen auf die ersten drei Monate. Herr Weber kann für 60 Arbeitstage (3 Monate x 20 Tage/Monat) den pauschalen **Verpflegungsmehraufwand** von 6,00 € pro Tag als Werbungskosten ansetzen (insgesamt **360,00 €**).
(§ 9 Abs. 5 i. V. m. § 4 Abs. 5 Nr. 5 S. 5 EStG und R 9.6 Abs. 4 LStR 2008)

zu 2. b)

Der Arbeitgeber kann Herrn Weber für die 80 Arbeitstage **360,00 € Reisekosten steuerfrei** erstatten (vgl. § 3 Nr. 16 EStG). Ein zusätzlicher Ansatz als Werbungskosten ist insoweit bei Herrn Weber nicht möglich.

zu 3. a)

Ein Ansatz der **Fahrtkosten** als Werbungskosten kommt **nicht** in Betracht, da Herr Weber die Dienstreise mit einem Firmenwagen unternimmt.

An **Verpflegungsmehraufwendungen** kann Herr Weber **48,00 €** (2 x 6,00 € + 3 x 12,00 €) als Werbungskosten in Abzug bringen.

An **Übernachtungskosten** kann Herr Weber die folgenden Beträge als Werbungskosten ansetzen (§ 9 EStG):
• 2 **Hotelübernachtungen** in Höhe von **120,40 €** (2 x 65,00 € – 2 x 20 % von 24,00 €, vgl. R 9.7 Abs. 1 LStR 2008). Kürzung für Frühstück 9,60 € (4,80 € x 2).
• 2 **private Übernachtungen 0,00 €** (tatsächlich sind keine Kosten entstanden).

Die Parkgebühren (**Reisenebenkosten**, vgl. R 9.8 LStR 2008) kann Herr Weber als Werbungskosten absetzen.

zu 3. b)

Ein **steuerfreier Fahrtkostenersatz** ist **nicht möglich**, da die Dienstreise mit einem Firmenwagen unternommen worden ist.

Die **Verpflegungsmehraufwendungen** können in Höhe von **48,00 € steuerfrei erstattet** werden (§ 3 Nr. 16 EStG). Insoweit erfolgt dann kein Werbungskostenabzug.

Bei den **Übernachtungskosten** kann der Arbeitgeber folgende Beträge **steuerfrei erstatten**:
• 2 **Hotelübernachtungen** in Höhe von **120,40 €** (nur in Höhe der beim AN abziehbaren Werbungskosten. Insoweit erfolgt dann kein Werbungskostenabzug. Zahlt der Arbeitgeber den Gesamtbetrag in Höhe von 130,00 €, entsteht für das Frühstück grundsätzlich ein **steuerpflichtiger Sachbezug** in Höhe von 3,06 € (2 x 1,53 €). Es wird eine Kürzung der Verpflegungsmehraufwendungen vorgenommen (vgl. BMF-Schreiben vom 13.07.2009, BStBl. 2009 I S. 771).
• 2 **private Übernachtungen 40,00 €** (2 x 20,00 €, R 9.7 Abs. 3 LStR 2008).

Ein **steuerfreier Reisenebenkostenersatz** ist **möglich (50,00 €)**

Fall:

Herr Weber hat bei einem Preisausschreiben 6.000,00 € gewonnen. Diesen Betrag hat er dem örtlichen Turnverein zur Förderung der Jugendarbeit gespendet. Eine ordnungsgemäß ausgestellte Zuwendungsbescheinigung liegt vor. Für 2009 beträgt der Gesamtbetrag der Einkünfte 28.500,00 €.

Kann Herr Weber einen Spendenabzug in Anspruch nehmen? Wenn ja, in welcher Höhe?

Lösung:

Herrn Weber steht für 2009 ein Spendenabzug in Höhe von **5.700,00 €** (20 % von 28.500,00 €) zu. Der übersteigende Betrag in Höhe von 300,00 € wird als Spendenvortrag auf den Veranlagungszeitraum 2010 übertragen (§ 10b Abs.1 EStG).

Fall

Heinz (44 Jahre) und Ilse Schüller (39 Jahre) wohnen mit ihren vier Kindern Joel (4 Jahre), Lena (6 Jahre), Max (8 Jahre) und Sina (9 Jahre) in einem Einfamilienhaus in Düsseldorf. Ilse Schüller ist als kaufmännische Leiterin in einem Industriebetrieb angestellt. Heinz Schüller ist nicht berufstätig. Familie Schüller beschäftigt während des gesamten Jahres 2009 eine Reinigungskraft im Rahmen eines geringfügigen Beschäftigungsverhältnisses (Mini-Job). Die hierfür geleisteten Zahlungen (Lohn und Pauschalabgaben) betrugen insgesamt 3.800,00 €. Von März bis Oktober 2009 erledigte ein Landschaftsbaubetrieb aus Neus die Gartenpflege. Die ordnungsgemäß ausgestellten Rechnungen über insgesamt 2.700,00 € wurden per Überweisung in 2009 beglichen. Die Materialkosten (Pflanzen etc.) betrugen insgesamt 800,00 €. Der Rest entfiel auf die Arbeitskosten. Für den Austausch von Bodenbelägen im ersten Obergeschoss zahlte Familie Schüller in 2009 per Überweisung brutto 7.735,00 €. Die in der ordnungsgemäß ausgestellten Rechnung gesondert ausgewiesenen Materialkosten betrugen netto 3.500,00 €.

Beurteilen Sie die Möglichkeit der Inanspruchnahme des § 35a EStG.

Lösung:

Reinigungskraft
Für die **geringfügige Beschäftigung** der Reinigungskraft kann Familie Schüller die steuerliche Förderung des **§ 35a Abs. 1 EStG** in Anspruch nehmen. **Die tarifliche Einkommensteuer ermäßigt sich um 510,00 €** (Hinweis: 20 % von 3.800,00 € übersteigt den absoluten Höchstbetrag.).

Gartenpflege
Die Verrichtung der Gartenpflege durch einen selbständigen Unternehmer stellt eine **haushaltsnahe Dienstleistung** dar, die nach **§ 35a Abs. 2 EStG** steuerlich gefördert wird. Zu beachten ist, dass die ausgestellte Rechnung Material- und Arbeitskosten ausweist. Gem. **§ 35a Abs. 5 S. 2 EStG** haben nur die **Arbeitskosten (1.900,00 €)** eine steuerliche Wirkung. **Die tarifliche Einkommensteuer ermäßigt sich um 380,00 €** (Hinweis: Der absolute Höchstbetrag von 4.000,00 € wurde nicht erreicht.). Eine zeitanteilige Berücksichtigung für 8 Monate (März bis Okt.) sieht das Gesetz nicht vor.

Bodenaustausch
Bei dem Austausch der Bodenbeläge durch einen selbständigen Unternehmer handelt es sich um eine steuerlich zu fördernde Inanspruchnahme von **Handwerkerleistungen** i. S. d. **§ 35a Abs. 3 EStG**. Auch hier stellen lediglich die **Arbeitskosten (3.570,00 € brutto)** steuerlich relevante Aufwendungen dar (**§ 35a Abs. 5 S. 2 EStG**). **Die tarifliche Einkommensteuer ermäßigt sich um 714,00 €** (Hinweis: Der absolute Höchstbetrag von 1.200,00 € wurde nicht erreicht.).

Anmerkung
Der Fall zeigt, dass die Fördermechanismen des § 35a EStG nebeneinander (kumulativ) in Anspruch genommen werden können.

B. Körperschaftsteuer

Fall:

Die Gewinn- und Verlustrechnung der A-GmbH, München, weist für das Wirtschaftsjahr 2009 u.a. folgende Zahlen aus:

● Jahresüberschuss	233.805 €
● Ein in 2005 entgeltlich erworbener Firmenwert von 60.000 € wurde nach § 255 Abs. 4 HGB mit 20 % abgeschrieben.	12.000 €
● KSt-Erstattung	8.000 €
● SolZ-Erstattung	440 €
● GewSt-Vorauszahlungen 2009	5.960 €
● Verspätungszuschlag zur GewSt	150 €
● angemessene Bewirtungsaufwendungen lt. Belegen (netto, 100 %)	650 €
● Zuwendungen an politische Parteien	5.000 €
● Zuwendungen an eine Universität	4.000 €

Die A-GmbH hat einen Beirat als Kontrollorgan. Als Aufwand wurden für den Beirat
14.400 € gebucht.

Ermitteln Sie das zu versteuernde Einkommen der A-GmbH für 2009.

Lösung:

	EUR
Jahresüberschuss	233.805
Korrekturen nach **einkommensteuerrechtlichen** Vorschriften	
+ AfA auf Firmenwert (§ 7 Abs. 1 Satz 3 EStG)	+ 8.000
+ nicht abzugsfähige Bewirtungskosten (§ 4 Abs. 5 Nr. 2 EStG) (30 % von 650 €)	+ 195
+ GewSt-Vorauszahlungen 2009	+ 5.960
+ Verspätungszuschlag zur GewSt	+ 150
= Gewinn lt. Steuerbilanz	248.110
Korrekturen nach **körperschaftsteuerrechtlichen** Vorschriften	
− KSt-Erstattung	− 8.000
− SolZ-Erstattung	− 440
+ sämtliche Zuwendungen (5.000 € + 4.000 €)	+ 9.000
+ Beiratsvergütung (50 % von 14.400 €)	+ 7.200
= **Summe der Einkünfte**	255.870
− Zuwendungen, max. 20 % von 255.870 €, höchstens *)	− 4.000
= **Gesamtbetrag der Einkünfte = zu versteuerndes Einkommen**	251.870

*) Zuwendungen an politische Parteien sind nicht abzugsfähig.

Fall:

Die B-GmbH mit Sitz in Wuppertal ermittelt für den Veranlagungszeitraum 2009 einen vorläufigen Handels- und Steuerbilanzgewinn in Höhe von 95.000 €. Dabei wurden in der Gewinn- und Verlustrechnung des Geschäftsjahres 2009 folgende Aufwendungen für geleistete Steuervorauszahlungen gebucht:

- Körperschaftsteuer   20.000 €
- Solidaritätszuschlag   1.100 €

Unter den gebuchten Aufwendungen finden sich verschiedene Zahlungen an den Geschäftsführer Willi Schulz in Höhe von 35.000 €. Willi Schulz ist Mehrheitsgesellschafter der B-GmbH. Die zugrunde liegenden Buchungsbelege tragen den Vermerk "Auslagenersatz". Eine betriebliche Veranlassung ist für diese Zahlungen jedoch nicht erkennbar. Ein Vorsteuerabzug wurde im Zusammenhang mit diesen Aufwendungen von der B-GmbH nicht in Anspruch genommen.
Die B-GmbH hat die Gewerbesteuerrückstellung für das Geschäftsjahr 2009 ordnungsgemäß gebildet, jedoch nicht gewinnmindernd gebucht.

1. Ermitteln Sie das zu versteuernde Einkommen der B-GmbH für 2009.
2. Ermitteln Sie die Körperschaftsteuerrückstellung 2009 sowie die Rückstellung für den Solidaritätszuschlag 2009.
3. Ermitteln Sie den endgültigen Steuerbilanzgewinn für den VZ 2009.

Lösung:

Zu 1.

Gewinn lt. Steuerbilanz	95.000 EUR
+ Körperschaftsteuer	20.000 EUR
+ Solidaritätszuschlag	1.100 EUR
+ verdeckte Gewinnausschüttung	35.000 EUR
= **zu versteuerndes Einkommen**	**151.100 EUR**

Zu 2.

tarifliche/festzusetzende KSt (15 % von 151.100 €)	22.665 EUR
− KSt-Vorauszahlungen	− 20.000 EUR
= **KSt-Rückstellung**	**2.665 EUR**
Solidaritätszuschlag (5,5 % von 22.665 €)	1.246,58 EUR
− SolZ-Vorauszahlungen	− 1.100,00 EUR
= **SolZ-Rückstellung**	**146,58 EUR**

Zu 3.

vorläufiger Steuerbilanzgewinn	95.000,00 EUR
− KSt-Rückstellung	− 2.665,00 EUR
− SolZ-Rückstellung	− 146,58 EUR
= **endgültiger Steuerbilanzgewinn**	**92.188,42 EUR**

Fall:

Die Gewinn- und Verlustrechnung der C-GmbH, München, weist für das Wirtschaftsjahr 2009 u.a. folgende Zahlen aus:

Umsatzerlöse	1.005.270,00 €	
sonstige betriebliche Erträge	4.625,00 €	
Investitionszulage	20.500,00 €	1.030.395,00 €
Wareneingang	375.123,00 €	
Löhne und Gehälter	250.951,00 €	
Abschreibungen	18.557,00 €	
gemeinnützige Zuwendungen	15.100,00 €	
Zuwendungen an politische Parteien	10.000,00 €	
Mietaufwand	60.000,00 €	
Bewirtungsaufwendungen (angemessen) *)	3.595,00 €	
Geldbuße	570,00 €	
GewSt-Vorauszahlung 2009	20.500,00 €	
Säumniszuschlag für GewSt-Vorauszahlung	130,00 €	
Säumniszuschlag für USt-Vorauszahlung	45,00 €	
KSt-Vorauszahlung 2009	40.000,00 €	
SolZ-Vorauszahlung 2009	2.200,00 €	
KSt-Nachzahlung 2007	12.470,00 €	
SolZ-Nachzahlung 2007	685,85 €	– 809.926,85 €
Jahresüberschuss		**220.468,15 €**

*) Die Bewirtungsaufwendungen wurden zu 100 % angesetzt; die USt (von 100 %)
wurde als Vorsteuer gebucht.

Ermitteln Sie das zu versteuernde Einkommen der C-GmbH für 2009.

Lösung:

	EUR
Jahresüberschuss	220.468,15
Korrekturen nach **einkommensteuerrechtlichen** Vorschriften	
+ nicht abzugsfähige Bewirtungskosten (§ 4 Abs. 5 Nr. 2 EStG) (30 % von 3.595 €)	+ 1.078,50
+ Geldbuße (§ 12 Nr. 4 EStG)	+ 570,00
+ GewSt-Vorauszahlung 2009	+ 20.500,00
+ Säumniszuschlag für GewSt-Vorauszahlung	+ 130,00
= Gewinn lt. Steuerbilanz	242.746,65
Korrekturen nach **körperschaftsteuerrechtlichen** Vorschriften	
– Investitionszulage	– 20.500,00
+ sämtliche Zuwendungen (15.100 € + 10.000 €)	+ 25.100,00
+ KSt-Vorauszahlung 2009	+ 40.000,00
+ SolZ-Vorauszahlung 2009	+ 2.200,00
+ KSt-Nachzahlung 2007	+ 12.470,00
+ SolZ-Nachzahlung 2007	+ 685,85
= **Summe der Einkünfte**	**302.702,50**
– Zuwendungen, max. 20 % von 302.702,50 €, höchstens *)	– 15.100,00
= **Gesamtbetrag der Einkünfte = zu versteuerndes Einkommen**	**287.602,50**

*) Zuwendungen an politische Parteien sind nicht abzugsfähig.

Fall:

Die Pro Casa GmbH hat ihre Geschäftsführung und ihren Sitz in Mainz. Die GmbH weist für das Geschäftsjahr 2009, das mit dem Kalenderjahr übereinstimmt, einen Jahresüberschuss von 450.000,00 € aus.
Herr Peter Müller ist alleiniger Gesellschafter und alleiniger Geschäftsführer der Pro Casa GmbH.

Die folgenden Sachverhalte sind noch zu berücksichtigen:

1. Die GmbH hat zum 1.7.2009 bei ihrer Bank ein Fälligkeitsdarlehen über 400.000,00 € aufgenommen, das eine Laufzeit von zehn Jahren hat. Die Bank behält bei der Auszahlung des Darlehens ein Damnum von 30.000,00 € ein und schreibt den Restbetrag in Höhe von 370.000,00 € dem laufenden Bankkonto der GmbH gut. Die GmbH hat den Vorgang wie folgt gebucht:

    1800 (1200) Bank an **3170** (0650) Verbindlichkeiten gegenüber Kreditinstituten
    370.000,00 €

2. Die GmbH hat handelsrechtlich eine Rückstellung für drohende Verluste aus schwebenden Geschäften in Höhe von 30.000,00 € gebildet.

3. Die KSt-Vorauszahlungen 2009 in Höhe von 112.500,00 € wurden als Betriebsausgaben gebucht.

4. Die SolZ-Vorauszahlungen 2009 in Höhe von 6.187,50 € wurden als Betriebsausgaben gebucht.

5. Die GewSt-Vorauszahlungen 2009 in Höhe von 37.500,00 € wurden als Betriebsausgaben gebucht.

6. Herr Peter Müller erhält eine Jahresvergütung in Höhe von 300.000,00 €. Die Jahresvergütung setzt sich aus einem Festgehalt von 90.000,00 € (30 %) und einer Gewinntantieme von 210.000,00 € (70 %) zusammen. Üblich ist jedoch nur ein Tantiemanteil von 25 %. Die 300.000,00 € wurden in 2009 als Betriebsausgaben gebucht.

7. GmbH weist für 2009 folgende Zuwendungen nach, die als Betriebsausgaben gebucht wurden:

Zuwendungen an politische Parteien	75.000,00 €
Zuwendungen zur Förderung von Wissenschaft und Forschung	150.000,00 €

Aufgabe:

Ermitteln Sie das zu versteuernde Einkommen der GmbH für den VZ 2009.

Lösung:

	EUR
Jahresüberschuss	450.000,00
Korrekturen nach **einkommensteuerrechtlichen** Vorschriften	
– Damnum (30.000 € : 10 = 3.000 € x 6/12)	– 1.500,00
+ Drohverlust-Rückstellung (siehe Buchführung 2, Seite 202 ff.)	+ 30.000,00
+ GewSt-Vorauszahlungen 2009 *)	+ 37.500,00
= Gewinn lt. Steuerbilanz	516.000,00
Korrekturen nach **körperschaftsteuerrechtlichen** Vorschriften	
+ KSt-Vorauszahlungen 2009	+ 112.500,00
+ SolZ-Vorauszahlungen 2009	+ 6.187,50
+ vGA (siehe Steuerlehre 2, Seite 392)	+ 135.000,00
+ sämtliche Zuwendungen (75.000 € + 150.000 €)	+ 225.000,00
= **Summe der Einkünfte**	994.687,50
– Zuwendungen, maximal 20 % von 994.687,50 €, höchstens **)	– 150.000,00
= **Gesamtbetrag der Einkünfte = Einkommen =** **zu versteuerndes Einkommen**	**844.687,50**

 *) Die GewSt-Vorauszahlungen 2009 sind keine Betriebsausgaben mehr
      (§ 4 Abs. 5b EStG).

**) Zuwendungen an politische Parteien sind nicht abzugsfähig.

C. Gewerbesteuer

Fall:

Luisa Bellona ist Alleininhaberin einer Pizzeria in Neustadt a.d.W. Für das Wirtschaftsjahr 2009, das mit dem Kalenderjahr übereinstimmt, ergibt sich Folgendes:

1. Gewinn nach § 15 EStG   43.600,00 EUR
2. Für einen aufgenommenen Kredit in Höhe von   30.000,00 EUR
   wurden Zinsen gezahlt in Höhe von   1.850,00 EUR
3. Die Zinsen und Buchungsgebühren des laufenden Kontos betrugen   750,00 EUR
4. Miete für Geschäftseinrichtung   6.000,00 EUR
5. Die aus betrieblichen Mitteln geleisteten Zuwendungen betrugen:
   Zuwendungen zur Förderung kirchlicher Zwecke   1.000,00 EUR
   Zuwendungen zur Förderung wissenschaftlicher Zwecke   500,00 EUR
   Die Zuwendungen haben den Gewinn nach § 15 EStG nicht gemindert,
   weil sie auf das Konto "Privatentnahmen" gebucht wurden.

Wie hoch ist die Gewerbesteuer für den EZ 2009 bei einem Hebesatz von 390 %?

Lösung:

		EUR
Gewinn aus Gewerbebetrieb (Tz. 1)		43.600,00
+ Hinzurechnungen nach § 8		
100 % der Entgelte für Schulden		
Zinsen für langfristigen Kredit (Tz. 2)	1.850 €	
Zinsen für kurzfristigen Kredit (Tz. 3)	750 €	
20 % der Miete (Tz. 4) (20 % von 6.000 €)	1.200 €	
= Summe der Finanzierungsanteile	3.800 €	
− Freibetrag 100.000 Euro, höchstens	− 3.800 €	
= verbleibender Betrag	0 €	
x 25 % (= Hinzurechnungsbetrag)		0,00
		43.600,00
− Kürzungen nach § 9		
Zuwendungen zur Förderung kirchl. u. wissenschaftl. Zwecke (Tz. 5)		1.500,00
= vorläufiger Gewerbeertrag		42.100,00
Abrundung auf volle hundert Euro		42.100,00
− Freibetrag		− 24.500,00
= endgültiger Gewerbeertrag		17.600,00
x Steuermesszahl 3,5 %		
= Steuermessbetrag (3,5 % von 17.600 €)		616,00
x Hebesatz (390 %)		
= **Gewerbesteuer** (390 % von 616 €)		**2.402,40**

Fall:

Fritz Maier ist Alleininhaber eines Hotels und Restaurants in Dortmund. Für das Wirtschaftsjahr 2009, das mit dem Kalenderjahr übereinstimmt, ergibt sich Folgendes:

1. Gewinn nach § 15 EStG   32.000,00 EUR
2. Einheitswert des Betriebsgrundstücks (100 %)   75.000,00 EUR
   Das Grundstück dient zu 60 % eigenen gewerblichen Zwecken.
3. Eine Ausschanktheke ist von einer Brauerei
   gemietet worden. Die Jahresmiete beträgt   2.500,00 EUR
4. Die Gewerbesteuer-Vorauszahlungen betragen 2009   200,00 EUR
   Die GewSt-Vorauszahlungen haben den Gewinn nach § 15 EStG
   nicht gemindert.

Wie hoch ist die Gewerbesteuerabschlusszahlung für den EZ 2009 bei einem Hebesatz von 450 %?

Lösung:

		EUR
Gewinn aus Gewerbebetrieb (Tz. 1)		32.000,00
+ Hinzurechnungen nach § 8		
100 % der Entgelte für Schulden	0 €	
20 % der Miete (Tz. 3) (20 % von 2.500 €)	500 €	
= Summe der Finanzierungsanteile	500 €	
− Freibetrag 100.000 Euro, höchstens	− 500 €	
= verbleibender Betrag	0 €	
x 25 % (= Hinzurechnungsbetrag)		0,00
		32.000,00
− Kürzungen nach § 9		
Grundbesitzkürzung (Tz. 2)		
60 % von 1,2 % von 105.000 € (75.000 € x 140 %)		756,00
= vorläufiger Gewerbeertrag		31.244,00
Abrundung auf volle hundert Euro		31.200,00
− Freibetrag		− 24.500,00
= endgültiger Gewerbeertrag		6.700,00
x Steuermesszahl (3,5 %)		
= Steuermessbetrag (3,5 % von 6.700 €)		234,50
x Hebesatz (450 %)		
= **Gewerbesteuer** (450 % von 234,50 €)		1.055.25
− GewSt-Vorauszahlungen		− 200,00
= **Gewerbesteuerabschlusszahlung**		**855,25**

Fall:

Der Einzelgewerbetreibende Müller, Düsseldorf, dessen Wirtschaftsjahr mit dem Kalenderjahr übereinstimmt, legt Ihnen für den EZ 2009 folgende Zahlen vor:

1. Gewinn nach § 15 EStG   35.660,00 EUR

2. Einheitswert des Betriebsgrundstücks (100%)   12.500,00 EUR

3. Auf dem Betriebsgrundstück (100 %) lastet eine Hypothek,
   die mit 6 % verzinst wird, in Höhe von   25.000,00 EUR

4. Beteiligung eines stillen Gesellschafters (Privatmann)
   an dem Einzelgewerbebetrieb   10.000,00 EUR

5. Gewinnanteil des stillen Gesellschafters   2.500,00 EUR

6. Für einen Kontokorrentkredit sind Zinsen in Höhe von   750,00 EUR
   angefallen.

7. Die aus betrieblichen Mitteln geleisteten Zuwendungen für 2009 betrugen:

   Zuwendungen zur Förderung kirchlicher Zwecke   500,00 EUR

   Zuwendungen zur Förderung wissenschaftlicher Zwecke   750,00 EUR

   Zuwendungen an politische Parteien   500,00 EUR

   Die Zuwendungen haben den Gewinn nach § 15 EStG nicht gemindert,
   weil sie auf das Konto "Privatentnahmen gebucht wurden".

Wie hoch ist die Gewerbesteuer für den EZ 2009 bei einem Hebesatz von 440 %?

Lösung:

		EUR
Gewinn aus Gewerbebetrieb (Tz. 1)		35.660,00
+ Hinzurechnungen nach § 8		
100 % der Entgelte für Schulden		
Zinsen für Kontokorrentkredit (Tz. 7)	750 €	
100 % des Gewinnanteils des st. Gesellschafters (Tz. 5)	2.500 €	
= Summe der Finanzierungsanteile	3.250 €	
– Freibetrag 100.000 Euro, höchstens	– 3.250 €	
= verbleibender Betrag	0 €	
x 25 % (= Hinzurechnungsbetrag)		0,00
		35.660,00
– Kürzungen nach § 9		
Grundbesitzkürzung (Tz. 2)		
1,2 % von 17.500 € (12.500 € x 1,4)		210,00
Zuwendungen zur Förderung kirchl. u. wissenschaftl.		
Zwecke (Tz. 7) *)		1.250,00
= vorläufiger Gewerbeertrag		34.200,00
Abrundung auf volle hundert Euro		34.200,00
– Freibetrag		– 24.500,00
= endgültiger Gewerbeertrag		9.700,00
x Steuermesszahl (3,5 %)		
= Steuermessbetrag (3,5 % von 9.700 €)		339,50
x Hebesatz (440 %)		
= **Gewerbesteuer** (440 % von 339,50 €)		**1.493,80**

*) Zuwendungen an politische Parteien sind nicht abzugsfähig.

Fall:

Ermitteln Sie die Gewerbesteuerrückstellung eines Einzelunternehmers für den EZ 2009.

Gewinn aus Gewerbebetrieb (§ 15 EStG)	46.000,00 EUR
GewSt-Vorauszahlungen, die den Gewinn nicht gemindert haben	500,00 EUR
Zinsen für langfristigen Kredit	3.800,00 EUR
Einheitswert des Betriebsgrundstücks (1.1.1964)	35.000,00 EUR
Hebesatz	400 %

Lösung:

		EUR
Gewinn aus Gewerbebetrieb (§ 15 EStG)		46.000,00
+ Hinzurechnungen nach § 8		
100 % der Entgelte für Schulden		
Zinsen für langfristigen Kredit	3.800 €	
= Summe der Finanzierungsanteile	3.800 €	
– Freibetrag 100.000 Euro, höchstens	– 3.800 €	
= verbleibender Betrag	0 €	
x 25 % (= Hinzurechnungsbetrag)		0,00
		46.000,00
– Kürzungen nach § 9		
Grundbesitzkürzung (1,2 % von 49.000 €)		588,00
= maßgebender Gewerbeertrag		45.412,00
Abrundung auf volle hundert Euro		45.400,00
– Freibetrag		– 24.500,00
= (endgültiger) Gewerbeertrag		20.900,00
x Steuermesszahl (3,5 %)		
= Steuermessbetrag (3,5 % von 20.900 €)		731,50
x Hebesatz 400 %		
= Gewerbesteuer (400 % von 731,50 €)		2.926,00
– geleistete GewSt-Vorauszahlungen		– 500,00
= **GewSt-Rückstellung**		**2.426,00**

Fall:

Fritz Westfalen (FW) betreibt in Bonn unter der Firma "Funkhaus Fritz Westfalen" ein Fachgeschäft für Unterhaltungs-Elektronik. Für den EZ 2009 legt er Ihnen folgende Zahlen vor:

1. Lt. vorläufiger Gewinn- und Verlustrechnung für das Wirtschaftsjahr 2009 wurde ein Gewinn in Höhe von 29.000,00 € ermittelt.

2. FW schenkte seiner Frau Rosi zum 10. Hochzeitstag einen gebrauchten PKW, den er dem Anlagevermögen entnahm. Der Buchwert des PKW betrug am Entnahmetag 8.000,00 €; der Verkehrswert dieses Fahrzeugs wurde zu diesem Zeitpunkt in einem Gutachten mit 13.090,00 € einschließlich 19 % Umsatzsteuer festgestellt. FW hat bisher gebucht:

Anlagenabgänge (Restbuchwert)	8.000,00 €	
an Fahrzeuge		8.000,00 €
Privat	9.520,00 €	
an Erlöse aus Verkäufen Sachanlagevermögen		8.000,00 €
Umsatzsteuer		1.520,00 €

3. FW schenkte seinem Neffen Detlef zum 18. Geburtstag eine Stereoanlage, die er seinem Warenlager entnahm. Die Anschaffungskosten der Anlage betrugen 900,00 €; der Ladenverkaufspreis betrug 1.547,00 € einschließlich 19 % Umsatzsteuer. Der Listenverkaufspreis seines Großhändlers belief sich am Entnahmetag auf 950,00 € (ohne Umsatzsteuer). Der Vorgang wurde versehentlich buchhalterisch noch nicht erfasst.

4. FW ließ sich von seinem Buchhalter monatlich 2.500,00 € vom betrieblichen Bankkonto auf sein privates Bankkonto überweisen. Die jeweilige monatliche Buchung hierfür lautet:

Personalaufwendungen	2.500,00 €	
an Bank		2.500,00 €

5. FW betreibt sein Unternehmen auf dem Grundstück "Mozartstr. 10", das zu 30 % seines Wertes dem eigenen Gewerbebetrieb dient und auch mit diesem Anteil aktiviert wurde. Der Einheitswert des Grundstücks (100 %) beträgt 100.000,00 €.

6. Im Mai 2009 wurde eine umfangreiche Dachsanierung an dem Gebäude "Mozartstr. 10" vorgenommen. Zur Finanzierung dieser Sanierungskosten nahm FW ein Darlehen in Höhe von 30.000,00 € auf, das zu 100 % am 30.06.2009 ausgezahlt wurde. Das Darlehen ist jährlich mit 8 % zu verzinsen und am 30.06.2019 in einer Summe zurückzuzahlen. Die Zinsen sind jeweils halbjährlich nachträglich zu entrichten. Erstmalig wurden diese Halbjahreszinsen zum 31.12.2009 vom betrieblichen Bankkonto abgebucht.

7. FW überwies in 2009 für zwei im Kundendienst eingesetzte Fahrzeuge insgesamt 9.936,50 € (einschl. 19 % Umsatzsteuer) an die Auto-Leasing GmbH in Hamburg.

8. Das an sein "Funkhaus" angrenzende Nachbargrundstück "Mozartstr. 12" hat FW für monatlich 600,00 € gepachtet und nutzt es als Kundenparkplatz.

9. FW ist an der Elektrowarengroßhandlung seines Schulfreundes Peter Tusch als Kommanditist beteiligt. Die Beteiligung gehört zu seinem Betriebsvermögen. Der Gewinnanteil für 2009 beträgt 4.000,00 €.

10. Für sein betriebliches Bankkonto hat FW einen Kontokorrentkredit in Höhe von 100.000,00 € zu einem Zinssatz von 10 % p.a. mit seiner Bank vereinbart. Insgesamt wurden in 2009 6.400,00 € Zinsen belastet.

Ermitteln Sie die Gewerbesteuer 2009. Der Hebesatz beträgt 450 %.

Lösung:

vorläufiger Gewinn lt. GuV-Rechnung (Tz. 1)	29.000 €
+ Erhöhung Privatentnahme Pkw (Tz. 2)	3.000 €
+ Erfassung Privatentnahme Stereoanlage (Tz. 3)	950 €
+ "Personalaufwendungen" (Tz. 4)	30.000 €
einkommensteuerlicher Gewinn aus Gewerbebetrieb	62.950 €

		EUR
Gewinn aus Gewerbebetrieb		62.950,00
+ Hinzurechnungen nach § 8		
100 % der Entgelte für Schulden		
Darlehenszinsen (Tz. 6)	1.200 €	
Kontokorrentzinsen (Tz. 10)	6.400 €	
20 % der Leasingraten (Tz. 7) netto	1.670 €	
65 % der Pacht (Tz. 8) (65 % von 7.200 €)	4.680 €	
= Summe der Finanzierungsanteile	13.950 €	
– Freibetrag 100.000 Euro, höchstens	– 13.950 €	
= verbleibender Betrag	0 €	
x 25 % (= Hinzurechnungsbetrag)		0,00
– Kürzungen nach § 9		
Grundbesitzkürzung (Tz. 5)		
1,2 % von 42.000 € (100.000 € x 140 % x 30 %)		504,00
Gewinnanteil Personengesellschaft (Tz. 9)		4.000,00
= vorläufiger Gewerbeertrag		58.446,00
Abrundung auf volle hundert Euro		58.400,00
– Freibetrag		– 24.500,00
= endgültiger Gewerbeertrag		33.900,00
x Steuermesszahl (3,5 %)		
= Steuermessbetrag (3,5 % von 33.900 €)		1.186,50
x Hebesatz (450 %)		
= **Gewerbesteuer** (450 % von 1.186,50 €)		**5.339,25**

Fall:

Der Einzelunternehmer Franz Huber, e.K. mit Sitz in Nürnberg ermittelte für 2009 einen handelsrechtlichen Gewinn in Höhe von 585.000 €.

Für das Wirtschaftjahr 2009, das identisch ist mit dem Kalenderjahr, ergeben sich u.a. folgende Sachverhalte, die ggf. zu berücksichtigen sind.

- Die Gewerbesteuervorauszahlungen 2009 betrugen 52.500 €. Sie sind auf das Konto "**7610** (4320) Gewerbesteuer" gebucht worden.

- In 2008 wurde für den Umbau des Produktionsgebäudes ein Fälligkeitsdarlehen in Höhe von 750.000 € aufgenommen. Die Zinsen in Höhe von 37.500 € wurden in 2009 als Aufwand gebucht.

- Das Produktionsgebäude wird zu 90 % eigenbetrieblich genutzt und wurde auch in diesem Umfang bilanziert. Der Einheitswert des Gebäudes (100 %) wurde zum 1.1.1964 mit 97.500 € festgesetzt.

- Eine Lagerhalle mit Grundstück wurde am 05.10.2009 für 375.000 € gekauft. Der Einheitswert zum 1.1.1964 beträgt 60.000 €.

- Folgende Mieten wurden in 2009 bezahlt und aufwandswirksam gebucht:

  Miete Bürogebäude netto 195.000 € (einschließlich 15.000 € Nebenkosten),
  Leasing Kopierer netto 10.440 € und
  Leasing Kraftfahrzeuge netto 99.000 €.

- Die Zuwendung (Spende) an den Tierschutzverein in Höhe von 10.250 € wurde vom Geschäftskonto gezahlt und auf das Konto "**2100** (1800) Privatentnahmen" gebucht.

- Aus den Vorjahren besteht noch ein Gewerbeverlustvortrag lt. gesonderter Feststellung in Höhe von 151.050 €.

- Der Hebesatz beträgt 447 %.

1. Ermitteln Sie die Gewerbesteuerabschlusszahlung 2009.
2. Welche Auswirkungen ergeben sich aus der Lösung des Gewerbesteuerfalles auf die Einkommensteuerschuld 2009 von Franz Huber, wenn dieser nur Einkünfte aus Gewerbebetrieb erzielt?

Lösung:

zu 1.

	EUR
vorläufiger handelsrechtlicher Gewinn (Gewinn lt. HGB)	585.000,00
Zuwendungen an den Tierschutzverein (korrekt gebucht, daher keine Hinzurechnung)	0,00
+ Gewerbesteuervorauszahlungen 2009	+ 52.500,00
= steuerlicher Gewinn (Gewinn lt. EStG/KStG)	637.500,00

+ Hinzurechnungen (§ 8 GewStG)

100 % der Entgelt für Schulden (Zinsen) (100 % von 37.500 €)	37.500 €
20 % der Miete/Pacht für bewegliche WG (20 % von 109.440 €)	21.888 €
65 % für Miet/Pacht für unbewegliche WG (65 % von 180.000 €)	117.000 €
= Summe der Finanzierungsanteile	176.388 €
− Freibetrag	100.000 €
= verbleibender Betrag	76.388 €

x 25 % (= Hinzurechnungsbetrag nach § 8 Nr. 1 GewStG)   + 19.097,00

− Kürzungen (§ 9 GewStG)

Grundbesitzkürzung (90 % von 1,2 % von 136.500 € (97.500 € x 140 %)	− 1.474,20
Lagerhalle wird in 2010 berücksichtigt	0,00
Zuwendungen an Tierschutzverein	− 1.800,00
= maßgebender Gewerbeertrag (§ 7 Abs. 1 GewStG)	653.322,80
− Gewerbeverlust aus Vorjahren (§ 10a GewStG)	− 151.050,00
= vorläufiger Gewerbeertrag	502.272,80
Abrundung auf volle 100 Euro	502.200,00
− Freibetrag (§ 11 Abs. 1 GewStG)	− 24.500,00
= endgültiger Gewerbeertrag	477.700,00
x Steuermesszahl 3,5 %	
= Steuermessbetrag (3,5 % von 477.700 €)	16.719,50
x Hebesatz 447 %	
= Gewerbesteuer (447 % von 16.719,50 €)	74.736,17
− Gewerbesteuervorauszahlungen 2009	− 52.500,17
= Gewerbesteuerabschlusszahlung 2009	**22.236,00**

zu 2.

Die **Steuerermäßigung** beträgt nach § 35 Abs. 1 Nr. 1 EStG für Franz Huber **63.534,10 €** (3,8 x 16.719,50 €).